JN175880

建築と不動産のあいだ

そこにある価値を見つける不動産思考術

高橋寿太郎 創造系不動産

学芸出版社

プロローグ

大比較検討時代の幕開け
～仕組みが変わった建築設計市場～

「建築と不動産のあいだ」とは何でしょうか。

私が不動産コンサルタントの立場から、建築家や不動産会社、そして建て主のみなさんに紹介するこの考え方は、建築設計や不動産取引の実務で使う専門技術や知識のような、難しいものではありません。

そもそも本書は、不動産の専門的な知識を提供することを目的にしたものでもありません。不動産取引やお金にまつわる、基本的で簡単なことをお伝えするだけです。簡単なことなのに、本書はみなさんにとって新しく、きっと役に立ち、価値あるものになるでしょう。それは今まで見知った物事を「角度を変えて見ている」からだと思います。

ありきたりな既製品ではなく、自分たちだけにデザインされた建物をつくりたいと思う建て主は増えています。しかし彼らがそれを始めるために、建築デザイン業界の専門書を開いても、残念ながらあまり役に立たないかも知れません。

また美しい建築物や、ユニークな空間が詰まった作品集は、書店にたくさん並んでいますが、建て主が設計を依頼するプロセスの変化、不動産流通の改善すべき課題、家づくりとファイナンスの関係、税制を踏まえた方法論や注意点といった、現実の諸問題に根ざした、新しい建築デザインの具体的な可能性については、まだほとんど触れられていません。

その一方で、建築家や、デザイン意識の高い建て主からの、これらについての問い合わせは、年々増えています。またビルオーナーや、社屋を建てようと考えている企業にとっても、こういった建築の周辺の世界とデザインをつなげる必要性が、高まっていると思います。

それらの理由は、これからの建築デザイン業界の変化の向かう先にあります。住宅業界や建築デザインを取り巻く社会背景、ビジネス環境は、２０００年辺りを契機として大きく変化しました。しかし、その変化は、専門家でも、業界内部から眺めているだけでは見えにくいようです。当然、建て主がその変化を知ろうと思っても、ポイントがどこにあるのかなかなか分かりません。

なぜなら建築デザイン業界の変化は、業界の外部で起きているからです。

詳しくは本文でご紹介しますが、既に建物づくりは「大比較検討時代」に突入しています。

建築業界はもともと、工務店、ハウスメーカー、建築設計事務所と区別がはっきりした縦割り業界だったのですが、各社が建て主により良いサービスで貢献しようと、横断的に努力したために、それぞれが混ざり合うような新しい会社が現れます。しかも建て主から見た時、それらの違いがあいまいになり、どんどん分かりにくくなっていきます。

これは建築家の立場から表現すると、建築家のライバルは建築家だけではなくなる、そんな時代です。

そして忘れてはいけない、もう一つ大きな縦割り分野が、建築デザイン業界の周辺にあります。これが「不動産業界」です。建築デザイン業界から見ると、不動産業界は近くて遠い存在です。建築デザイン業界と不動産業界の「あいだ」には、高い壁、または深い溝があるように思えます。

ではいったい、なぜそうした壁や溝があるのでしょうか。

そして本書で解き明かされるそれらの「建築と不動産のあいだの世界」に、建て主の重要な利益が隠れているとしたら。またそのあいだに到達できる可能性が高いのが、建築家の職能だとしたら。そしてそこに新しいデザインの可能性があるとしたら。

私がその壁や溝、そしてそれを埋めることによって生まれる可能性に気づいたのは、私自身が建築デザイン業界と不動産業界、両方の仕事を経験したからこそなのです。

私が代表を務める創造系不動産は、「建築と不動産のあいだを追究する」という経営理念、ブランドコンセプトを持つ不動産デザインコンサルティング会社です。創造系不動産の特徴は、全てのプロジェクトで、建築家やデザイナーとコラボレーション（協働）する所にあります。私自身、かつて建築家を志していましたが、現在は建て主と建築家をサポートする不動産コンサルティング、不動産仲介を中心にした仕事をしています。

この数年で、「建築と不動産のあいだの世界」と「そこでの建て主の利益」、そして「新しいデザインの可能性」を間近でたくさん目撃してきました。

これらを知ることで、みなさんも大比較検討時代を、きっと良い時代にできると思います。また建築家のみなさんには、本書が、建築家という役割を次世代型に捉え直し、バージョンアップし、独自の新しい仕事のスタイルをつくっていただくための参考資料になれば幸いです。

既に２００８年から日本の人口の減少は始まっており、２０５０年には日本の人口が1億人を割り込むという推計が、急速に知られるようになりました。必然的に建築設計の国内需要は減少します。

そんな中でも、一級建築士・二級建築士・木造建築士は、年々増加しています。実は建築デザイン業界は、士業の中でもダントツに資格保持者が多い業界です。とうぜん需給バランスは変わります。

しかしいつの時代でも価値ある存在は、少しずつ変化する建て主や社会のニーズを捉え、応えることができる人だと思います。そんな時代に、建築と不動産のあいだの溝にはまり込んだ新しい可能性を発見することから、独自の表現を追求していただくことを期待しています。

1章は、これからの社会や市場の変化についての基礎的な背景が概説されています。また「建築と不動産のあいだ」という独特な世界観がここで詳しく述べられていますので、ウォーミングアップにぜひ押さえて欲しいと思います。

2章の「クリエイティブな不動産思考の方法」では、それを踏まえた建物づくりの流れが説明されています。具体的な建築家と不動産のタッグによる「建築不動産フロー【ＶＦＲＤＣＭ】」をベースにして、建築設計の前に行うことや、後に行うこと、また不動産やお金についての最低限知っておきたい知識が、分かりやすく書かれています。

3章の「建築的不動産思考の実践」では、実践例として、創造系不動産がお手伝いした建て主と建築家の六つのケーススタディが、細かくその背景から紹介されています。建築家が取り組む住宅やビルづくりについて、また建築と不動産のあいだにある建て主の利益について、ユニークな角度から解説されています。このような事例紹介自体、とても珍しいと思いますので、参考にしていただければと思います。

繰り返しになりますが、本書は単に不動産業務や不動産知識の解説を目的とはしていません。大切なことは、「建築と不動産とそのあいだの世界」を感覚的に捉えていただくことで、そのために特殊な技術や難解な理論は必要ありません。

しかしその簡単なことが、今まで見過ごされがちだったのは、なぜか？ その理由について思い巡らせながら読んでいただくことが、実はみなさんにとっては重要なことかも知れません。

1章、2章、3章のどこから読んでも、それを考えることができるようになっていると思います。そこにある価値を見つける不動産思考術を知ったみなさんにとって、自分たちだけの素晴らしい建築や空間デザインを生み出す一助になれば幸いです。

創造系不動産代表　高橋寿太郎

3章 建築的・不動産思考の実践～六つのケーススタディ～

1章

なぜこれからの建築に不動産思考が必要なのか

インターネットがもたらした具体的な変化

2000年辺りを境にして、建築・不動産業界は大きく変化しました。品質の確かさと情報の公開を、政策そして市場（消費者）からより当たり前のものとして求められたのです。背後にはインターネットの台頭があります。

政策と市場の変化

まずは2000年以降の住宅業界を政策面から振り返ってみると、一般の方が安心して住宅を取得できるよう、法整備や金融政策が進められた時代でした。

例えば2000年の品確法※1、性能表示制度※2、03年のフラット35※3の導入、06年の適合性判定※4、07年の住宅瑕疵担保履行法※5、そういった多くの住宅制度が導入されました。05年に起きた耐震強度偽装事件も、情報を公開し、消費者を保護する動きのきっかけとなります。建築物の品質、取引の際の金融（住宅ローン）、長期的な保証といった、仕組みが補強されていった10年間でした。

一方、住宅市場に目を向けると、インターネットを利用したサービスが一気に拡充しました。不動産はウェブ上での物件検索が一般的になり、民間企業が提供する

※1　品確法
「住宅の品質確保の促進等に関する法律」の略。住宅の性能の表示基準・評価制度、住宅紛争の処理体制を整備する。また新築住宅の工事請負契約や不動産売買契約において、主要構造部や雨水侵入に関する瑕疵担保期間は十年以下にできない。供給者の品質向上を図る。

※2　性能表示制度
品確法の骨子の一つ。住宅の性能（構造、室内空気環境、高齢者等への配慮）について、表示の内容や方法を定め、評価書を発行する機関を設けた。利用は供給者の選択による。

※3　フラット35
住宅金融支援機構による、長期固定金利住宅ローン。多くの民間金融機関と提携しているので、多数の窓口がある。

※4　適合性判定
建築基準法の確認申請の構造計算について、第三者機関がチェックすることを義務化した。住宅では、規模の大きいマンション等で対象になることが多い。

ポータルサイト[※6]や大手不動産仲介会社のホームページは、競って賃貸物件や売買物件を掲載するようになります。新築分譲マンションが発売されると、物件のブランド性や性能をアピールするホームページが、必ず制作公開されました。モデルルームや不動産会社に行く前に、まずインターネットで「物件を検索する」ようになったのはこの頃からです。その傾向は今後もますます「当たり前」になるでしょう。

さらに同時期、建築・不動産業界に、「不動産証券化」[※7]の波が押し寄せます。投資信託の不動産版であるＲＥＩＴ[※8]（リート）のシステムがつくられたことで、数十万円あれば、誰でも不動産投資家としてその配当を得られる時代が到来したのです。しかも証券会社の窓口へ行かずとも、自宅のパソコンから不動産に投資できます。これは不動産を売買して、所有し、賃料収入を得る不動産投資の仕組みを根本的に変革する事件だったと言えます。

このように、さまざまな業界で、旧来のビジネスモデルは、新しいネットワークによる変革を迫られました。インターネットは、古く偏ったビジネスを枠組みから解体し、消費者に新たな価値をもたらしています。

「大比較検討時代」の建築・不動産業界

当然、建築家や建築設計事務所も、インターネットにより変わりつつあります。

※5　住宅瑕疵担保履行法
品確法で定める十年間保証について、住宅事業者が、倒産等でその責任を十分に果たすことができない時、一般購入者に不利益が生じないようにするため、瑕疵の補修の資金を確保するための法律。

※6　ポータルサイト
インターネットにアクセスする時に、玄関口となるウェブサイトのこと。不動産ポータルサイトでは「スーモ」「アットホーム」「ホームズ」を代表として、「Ｒ不動産」「ＳＯＨＯ東京」等、個性的なコンセプトのものを含めると、多数のサイトがある。

※7　不動産証券化
２０００年の法改正による。投資規模を小口化し、新しい投資機会を作ることで、不動産市場への資金流入を促し、不動産市場の活性化を図る。これにより、不動産投資信託が可能になり、不動産の投資家、所有者、経営者が分かれることになる。

例えば家づくりを依頼しようとする建て主は、事前に膨大な住まいの空間イメージを検索し、鑑賞し、比較検討できるようになりました。建築家の公式ホームページやブログをはじめ、建築家プロデュース会社や建築家紹介サイトをチェックし、さらにハウスメーカー、インテリアデザイナー、さまざまなタイプの工務店との仕事の違いや、メリット、デメリットを、事前に検証できます。

つまり、プロではなく消費者である建て主自身が横断的に情報を入手し検討できる、そんな「大比較検討時代」が始まっています。建て主は、素早くインターネットで情報収集する感性を養い、個別のテーマ（例えばキッチン、設備機器、時に床や壁の素材等関心に沿ったテーマ）ではプロ顔負けの情報量を持つことも可能になりました。色んな業種を「横断的に」比較検討する感覚を持っているのは、実は専門家よりも、まずは革新的な建て主です。

そうした彼らをサポートするために、建築業界は横断的なサービスを開始します。

安心力が売りのハウスメーカーが、デザイン力や個別対応力を高める努力を始めます。地域密着の工務店が、デザイナーを起用し格好良いホームページをつくります。また建売メーカーが、建築家にコーディネートを依頼しデザイン性を高めます。建築設計事務所の中には専門誌を出て、一般誌やインターネット媒体で広告展開す

※8　リート（REIT）不動産投資信託（Real Estate Investment Trust）の略。日本のリートは「J-REIT（ジェイ・リート）」と呼ばれ、２０１６年現在、50以上の法人が設立、運営されている。個人投資家は、株式と同じように、それぞれの商品を選択、購入し、定期的に分配金を受け取ることができる。

『大比較検討時代』の建物づくり

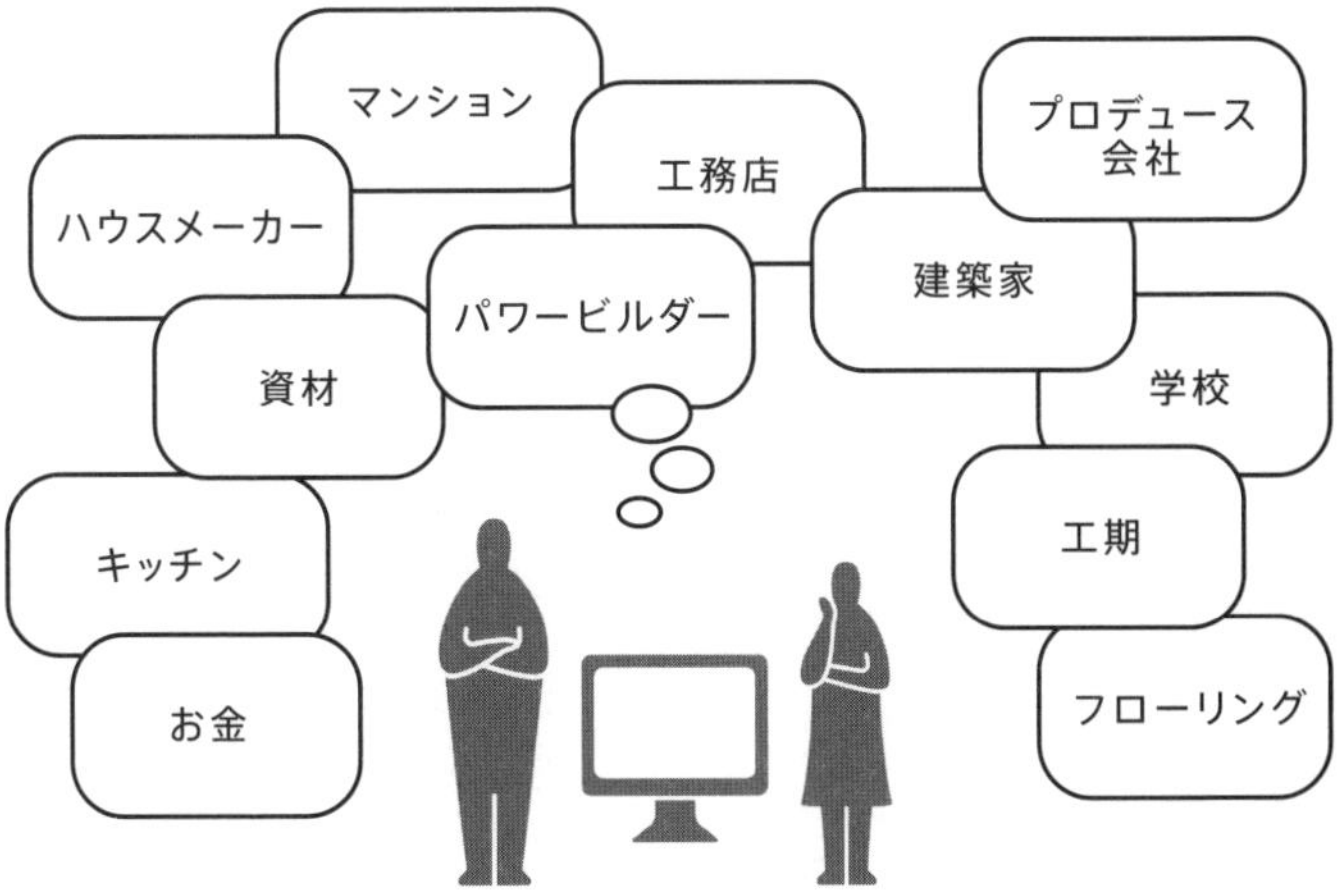

インターネットの普及により、建て主が横断的に
膨大な情報を比較検討するようになった。

る所が現れる、そんな時代です。建て主は建築専門誌やデザイン誌だけでなく、自宅のパソコンやスマホからさまざまな会社のデザイン、コンセプト、技術とサービスを確認した上で、「この建築家に任せたい」「この会社の話を聞いてみたい」と、コンタクトを取ります。今やどんな規模の企業、設計事務所にとってもホームページは、建て主が比較・検討、そして選択するための大きな判断材料になっています。

一方、不動産会社も、ホームページで取り扱うマンションや土地等の「物件情報」を常に新しくして、お客様に選んでもらうための努力を惜しみません。単に物件情報を豊富にするだけではなく、それらを分かりやすく、検索しやすく、デザインを良くすることで、他社と異なるアピールポイントを伝える工夫をしています。世の中は、そうした大比較検討時代の建て主にサービスするように、会社のシステムを変化させていくのです。

あふれる情報のデメリット

魅力的でユニークな建築をつくり、ホームページで公開している建築家や経営者にとって、大比較検討時代は建て主に選ばれやすい環境であり、追い風に違いないと思います。ただし、十分に比較検討できるということは、必ずしも建て主が自分たちに合った能力のあるパートナーや物件とマッチングできるということではありません。膨大な建物やデザインの情報を手に入れることができると同時に、その分惑わされ、何が自分に必要な情報かが分かりにくくなっているという側面もあります。あふれる情報量の割には結局、「誰に相談して良いか分からない」。今でも多くの建て主が口にする意見です。オフィスビルや店舗を建てようという法人企業であっても、基本的には個人の建て主と同じです。実際は見た目の良いホームページを比較するだけでは、選択肢は絞りきれないでしょう。

価値の多様化とは何か?

大比較検討時代は、建て主の側にさらに大きな変化をもたらしました。日々の情報やイメージがインターネットのフラットな環境で検索され、受け取られることにより、私たちのライフスタイルや趣向はどんどん多様化しています。

しかしここでよく耳にする「多様化」とは何でしょうか。実際は何が多様化しているのでしょう。これからの社会で、建て主も建築家も、お互いに納得のいく建物づくりをするためには、この多様化についてじっくり考えることは意味があります。

結論から言うと、人口減少により、業界にとっては厳しく、建て主にとっては選択肢の増える、クリエイティブな変化が待っています。人口減少の原因は少子化、晩婚化、未婚化と諸説ありますが、明確な理由は分かりません。国立社会保障・人口問題研究所の「日本の将来推計人口（平成18年12月推計）」を見ると、右肩上がりで増え続けた日本の人口は、２００８年前後をピークに減少に転じました。その急増ぶりと、これからの急減のギャップに驚かされます。

日本の近代化が始まった明治時代からこちら、「人口は増加する」のが当たり前でしたから、それを前提にさまざまな法律や制度設計や商慣習は組み立てられてきました。国民年金制度[※9]が分かりやすい例です。しかし、これからは人口減少時代に合わせ、そんな前提や制度も変化や改革が求められます。

人口減少とデフレの効能

今後、首都圏はじめいくつかの特定地域以外では、土地等の不動産価値が下がると言われています。地方の人口減少は避けられないためです。そのため、首都圏と地方の人口差はさらに加速します。人口減少による地方自治体の運営や行政サービスの維持は、大きな社会問題[※10]です。

逆に、地方の魅力を見直すトレンドも多く見られます。地元への愛着、ゆとりのある環境、都会にないライフスタイル。地方の良さをつくり、また発見し、伝える動きが力を増すでしょう。

インターネットの興隆と人口減少は、さらなるデフレ[※11]をもたらすという説があり

※9　国民年金制度の例
日本の年金には、賦課方式（働いている世代が高齢者の年金を支えるシステム）が採用されている。戦争を乗り越えた世代を保護する背景があったが、これからの人口減少時代には、若い世代の負担が大きくなる。

※10　地方自治体の問題
２０１４年に発表された通称・増田レポート（日本創生会議発表）によると「２０４０年までに全国１８００の市区町村のうち、８９６の自治体が消滅する可能性がある」とされ、波紋を呼んだ。

※11　デフレ
デフレーションの略。物価が持続的に下落する経済状態のこと。世の中の需要に対して、供給量が多い状態で起きやすい土地等の現物資産の価格、給料が下がる反面、現金等の金融資産の価値が相対的に高まると言われる。日本は数十年にわたりこの状態が続いてきたが、２０１５年現在、この状況を打破するための政策が施行されている。

日本の人口

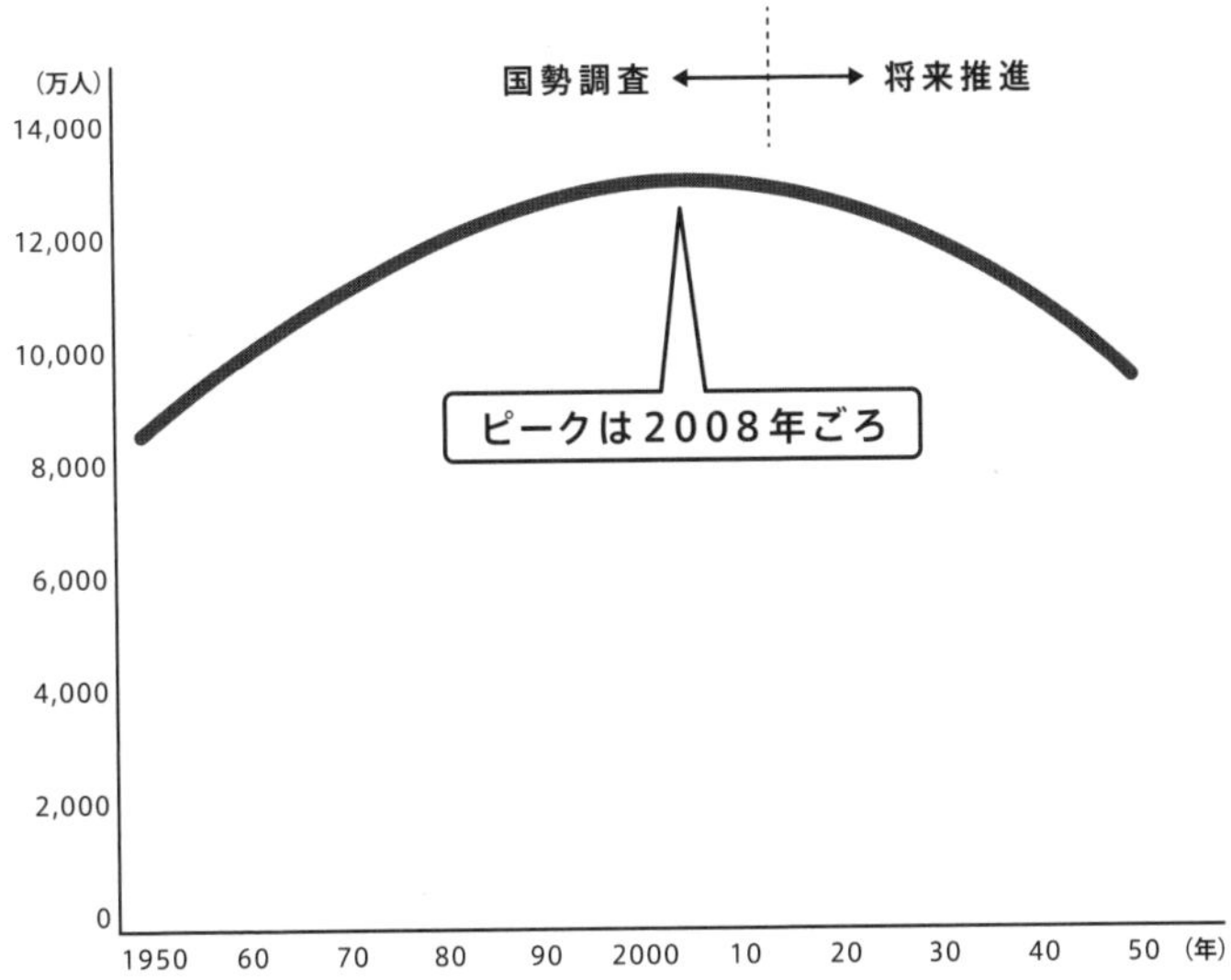

総務省統計局
「日本の総人口及び、増減率の推移(1920-2050年)」より編集

ます。私たちは、少しでも価格の安い商品やサービスを手軽にインターネットで選べるだけでなく、ネットワーク化した物流網は、より安い日用品から嗜好品までを、スーパーや小売店に出向かずに入手できるようになったからです。しかも人口は減るので、企業の競争は激化します。そして、グローバル企業は少しでも安い人件費や、代替品である機械に求め、物価や給料はさらにデフレ化していくのです。それに抵抗してさまざまな経済・金融政策が実施されていますが、日本がこの20年のデフレ傾向を打破するのは、簡単ではないでしょう。

しかし、人口減少時代もデフレ経済も悪いことばかりではないかも知れません。一般消費者の立場から見ると、基本的に、私たちが求めるものに対してその選択肢が多い状況は、良いことです。例えば、地方の土地だけでなく、都市近郊の土地や[※12]建物価格も下がるかも知れません。そうなると、今と同じ費用で、より広く、より高い性能、より良いデザインの建物を手に入れることができるようになるはずです。

建て主の多様化が意味すること

たくさんの選択肢が建て主の手の届く範囲に並べられ、ハウスメーカーや工務店

※12 都市近郊の人口
三大都市圏（首都圏、関西圏、中京圏）では、まだ人口は増加すると言われているが、その都市圏の中でも、人口の減少が推測されている個別の自治体も多い。

はさらに工夫を凝らし、建て主はより優れたものを選ぶことができる、「大比較検討時代」が加速する将来像が見えてきました。

すると、ハウスメーカー、工務店、設計事務所問わず、建て主の価値観やニーズに合わせ、業務サービスを変化させ、競合他社と差別化を図り、新商品・新企画を考案し、宣伝広告を工夫します。ますます建築のデザインは多種多様化するでしょう。これは建築デザインの一般解から個別解の変化と言えます。

つまり「人々はだいたいみんなこんな感じの住宅を欲している」という一般解（みんなに求められるもの）から、「この建て主にはこういうデザインが合っている」という個別解（私たちだけのもの）を追求する産業にシフトしていくということです。ただしここで扱う多様化は、「建築や空間デザインの多様化」ではなく、「建て主の多様化」です。

もう一つ、2000年辺りを境に大きく多様化したことに、実は日本人の「お金についての考え方」があります。建物づくりの多様化を知るためにも、「お金」の現実について考えてみましょう。

一億総中流時代から収入の多様化の時代へ

1970〜80年代、「一億総中流」[※13]という言葉がありました。高度成長期の終盤で、

※13　一億総中流
本文でもあるように、時代の空気や意識を表現したものであり、実態として、どの所得層を中流と呼んだのかは定かではない。しかしそういう意識を生んだ背景には1960〜70代の高度成長期における「経済成長と所得の増加」「国民皆保険制度」「終身雇用」「大量生産と消費社会」等があり、日本人のお金についての考え方と切り離せない。

ちょうど人口は1億人を突破した時期、日本人の生活水準や収入は「みな同じくらい」の中流層、という時代の空気がよく表現されています。

しかし2000年以降、私たちの実感としても、データ上でも、総中流どころか所得格差が拡大している現在、住宅の一次取得者層と言われる30代の建て主の所得も、二極化しています。総務省統計局の2007年のデータによると、30代の年収で最も多いのは300万円台です。10年前の1997年では400万円台でした。つまり日本人の平均年収は確実に下がっていることが数字で読み取れます。

同時に日本の伝統的な年功序列型[※14]の賃金体系が変化しており、能力型の体系を採用する企業が増えることで、若くても高い評価と収入を得ている人が一部で増えています。30代の最多年収が大きく減少すると同時に、実力に見合った収入を得るチャンスも増えている、つまり収入の多様化が進んでいることが推測されます。日本の「一億総中流」層は、今やかなり幅広い層に拡がっているのではないでしょうか。

新中間層の増加と女性の社会進出

そうして生まれる新しい建て主像の一例を紹介します。

日本全体で見ると、年収400万円以下が全体の4割を占めると言われる低所得時代です。そんな中でも、世帯年収が1000万円を超える家族は増加しているの

※14　年功序列型の賃金体系
日本では高度成長の時代に多く採用された。年齢とともに技術や経験が豊富になり、企業業績に貢献するという考え方がベースにあり、終身雇用制度と合わせて、日本型雇用の典型的なシステムと言われた。それに対して、1990年代からは、成果主義を採用する企業も増加した。現在では、中小企業はもとより、大手企業でも年功序列体系の見直しが起きている。

が私の実感です。つまり一人ひとりは特別に高い年収ではないのですが、夫婦で協力して比較的高い世帯年収を得ている層、これを本書では「新中間層」と呼びます。そして私はこの新中間層が、今後さらに増加すると考えています。なぜなら、この過程の背景に「女性の社会進出」※15があるからです。

国際的に見て、日本は女性の社会進出を遅らせた、企業内と家庭内の経緯がありました。働く女性の収入、評価、地位等のステータスは、まだまだ不当に低いと言われていますが、時代の気運や政策のバックアップを得て、今後は着実に上昇するでしょうから、この新中間層は増加すると考えられます。

その新中間層に接していると、以下のようなタイプの方が比較的多いと感じます。

・夫婦ともに企業で働いている。またどちらかが小規模な会社を経営している。
・堅実で、学習意欲が高い。
・情報に敏感で、インターネットは日常的に触れる。
・お互い仕事をしているので、家事や子育てを分担している。
・不動産購入を計画的に検討する。
・中にはお金や投資についての興味が高い方もいる。
・基本的に倹約志向で、一定の預貯金を継続している。

※15　女性の社会進出
1958年、男女雇用機会均等法が成立したが、実効性が不十分であり、男女の平等なキャリア待遇は、実態としては最近になってようやく進んで来た。企業内での風土、出産と仕事の両立、家庭内での育児子育ての慣習。近年それらが改善されつつあることには、国内外から、日本における女性の社会進出の経済効果が期待されるようになったことも影響している。

そして何より、さまざまな情報に触れる習慣があるので、デザイン意識やクリエイティビティが高い方が多いです。単にブランド志向ではなく、値段に関わらず、より良い思想でつくられた、より機能的でよりデザイン性の高いファッション、家具家電、インテリアを好みます。コストを重視しただけの既製品では満足しません。

また夫婦協力しての所得や預貯金の実績から、夫婦で自分たち独自の暮らし方や幸せを追求する方が多い、そんな印象があります。ですから自然と、この本の読者にも、この新中間層に当てはまる方が多いのではないかと想像しています。

一般的には、※16DINKS（ディンクス）・DEWKS（デュークス）という言葉がありますが、これは収入源と子供がいるかどうかを示す言葉なので、より大きな範囲を示します。そして新中間層の大半はどちらかに属します。

これが多様化する建て主の一例ですが、この新中間層は、大比較検討時代を考えるには欠かせない登場人物です。機能性、安全性、デザイン性といった、さまざまなことを満たしたい建て主は、夫婦分担し、インターネットや知人の紹介で有益な情報を収集し、どんどん目が肥えていきます。

ところが問題は、この新中間層の建て主が、自分たちだけのデザイン性や機能性を満たしたいと思っても、建築家に家づくりを依頼することが現実的にはなかなか

※16　DINKS、DEWKS　「Double Income No Kids」「Double Employed With Kids」の略。DINKS（ディンクス）は、子のない夫婦が二人とも収入がある状態、DEWKS（デュークス）は、子のある夫婦がともに働いている状態を指す。対義語のように扱われる場合もあるが、どちらも夫婦の対等な「収入＝お金」を背景にしている。

新中間層を構成する
ダブルインカム世帯の推移

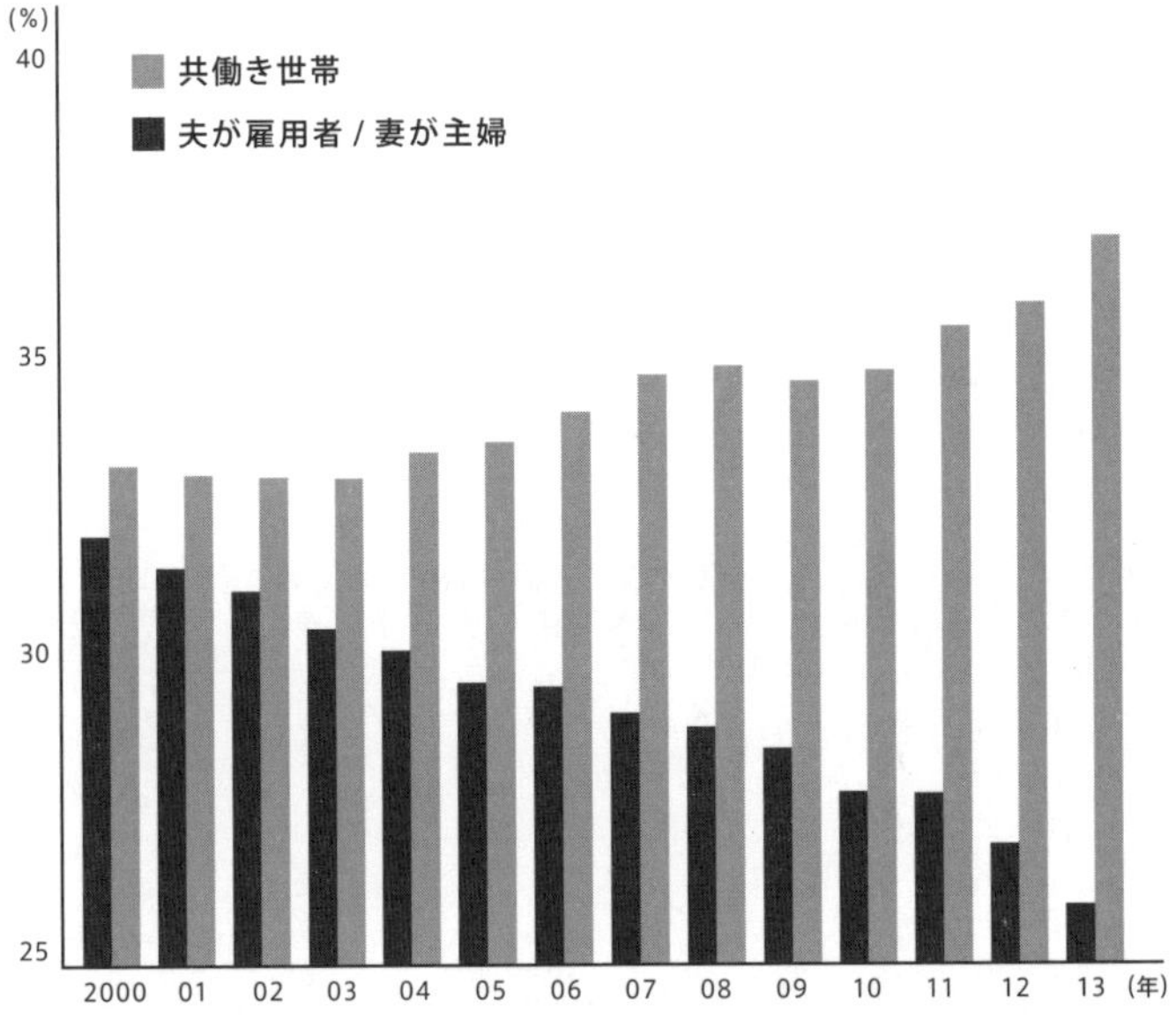

総務省統計局
「労働力調査基本集計」より作成

(2011年は宮城県、岩手県、福島県をのぞく)

できない、実はそんな事情があるのです。

新中間層の建て主が建物づくりを通じてつかみたいもの

建て主は、自分の家族や企業が、その幸せや利益を模索するために、家づくりや社屋建設という事業に着手します。それは昔も今も変わりません。

そして建て主が家やビルを建てる具体的な動機や目的はさまざまです。

住宅であれば「結婚をしたから」「家族が増えるから」「自由にできる家が欲しいから」「家賃を支払い続けるのがもったいないから」というのが最もよくみなさんから聞かれる理由です。または個人オーナーが、自分の土地にマンション・アパートを建築したい動機は、「親から受け継いだ土地を活用したい」「子への相続対策を行いたい」「家賃収入を所得にしたい」等が理由であることが多いです。

企業がオフィスをつくる目的は、「社員が増えるのでオフィス面積を増やしたい」「追加で設備投資を行いたい」「新事業を立ち上げ業績を拡大したい」等さまざまです。

依頼先ではなく相談先を探す

そういったビジョンを叶えるために、建て主は相談先を探します。彼らは誰に相談するのでしょうか。クリエイティビティが高く、デザイン性の良い建物を望む建て主であったとしても、まず建築家に相談するかというと、実際はそうではないパターンが多いです。

建てる土地がまだ決まっていない場合は、まずは不動産会社に行くことから始めるかも知れません。そのために最近ではやはりインターネットで検索するでしょう。そしてたどり着いた不動産会社で、建物づくりの方法を学ぶことになります。

土地を持っている場合でも、住宅ローン等の銀行融資を利用する人は、インターネットで情報を仕入れ、銀行や信用金庫で話を聞いているかも知れません。あるいは知り合いの家づくり経験者に相談する方も多いです。

つまり、最初に建築家に相談できる環境にいる人はごくまれなのです。自由な発想で、自分たちのためだけにデザインされた建物には、誰でも興味があるはずですが、実際に建築家が知り合いにいる建て主は、ほんの一握りなのです。

増え続ける窓口

しかしリサーチする先は、大比較検討時代には果てしなくあります。色々な意見も聞いてみようと、雑誌やインターネットを調べ、イベントに参加し、ハウスメーカーのモデルハウスに足を運んだり、分譲マンションのモデルルームに予約したり、または２０００年頃からますますシェアを拡大するパワービルダー[※17]（建売住宅業者）の現地見学会を調べたりと、大比較検討時代の建て主は、時間の許す限りリサーチに時間を費やします。

最近ではファイナンシャルプランニング事務所[※18]もしだいに増えており、家づくりの前にお金についての相談をしたい、資産についての勉強がしたいと希望される方が訪れています。しかしファイナンシャルプラン（以下ＦＰ）という業種はまだ確立されていません。生命保険系のＦＰ事務所や、不動産系のＦＰ事務所等が多く、家づくりをしたい場合、ビルを建てたい場合のお金の相談窓口は、まだまだ少ない状態です。

このように建て主は、建物づくりでつかみたいもの、叶えたいことがあっても、それを実現するための、最初の相談先を探すのに苦労することが多いのです。

建て主が究極的に求めるもの

住宅の建て主なら夫婦や家族の将来像、幸せの形が欲しいと思っています。法人企業ならお客様や世の中に貢献し、社員が誇りを持って働くことができる理想の経営基盤が欲しいと考えています。しかもそれはもはや、一般解ではなく個別解として求められている。それを解く作業には、既にある正解やパターンを示すのではな

※17　パワービルダー
土地付き一戸建て住宅を分譲する建売業者の別称。和製英語。街中で「新築分譲中」と住宅の現地販売を行っている。テレビＣＭで広告を行う非分譲系パワービルダーも台頭し、ハウスメーカーとの区別もつきにくくなってきている。

※18　ファイナンシャルプランナー事務所
一般顧客から家計やライフプランをはじめ、保険、不動産、投資についての相談を受ける。本文では、自ら事務所を持ち独立経営する「独立型」ＦＰ事務所を指す。またそれに対して、保険代理店、税理士、社会保険労務士、宅地建物取引士等がＦＰ事務所を併設し、それぞれの専門に特化した業務を行う「併設型」も多い。

く、まずはじっくり建て主の話を聞き、そこからオリジナルな答えを導きだせる、クリエイティブな能力が必要とされます。

ではその建て主に、自分たちの暮らしの考え方、つくりたい家族像、叶えたい目標、どんな仕事やキャリアを考えるか、それに合う住まい方、空間のイメージ、好きなデザイン…と、聞いてみるとしましょう。

しかし、例に挙げた新中間層の家族の場合、より根本的で堅実な疑問から始まることが多いのです。ダブルインカムで、堅実で、情報に敏感で、デザイン意識が高い、そんな彼らの抱く疑問とは、

・そもそも今の時代、家を建てて良いのか？
・郊外は地価が下がると聞いたが、土地は本当に都心に買うべきなのか？
・計画内容が自分たちの収入に見合っている？
・住宅ローンはどうやって借りるの？
・むしろ住宅ローンは借りない方が良いのでは？
・どんな銀行がある？　また金利※19は変動と固定、どちらが良い？
・住宅ローン控除※20や家づくりの際の税金について考えるべきか？
・繰り上げ返済※21はすべき？

※19　固定金利・変動金利
金融機関から融資を受け、返済する金額には、金利（利息）が含まれる。その金利が、一定期間変わらないものを「固定金利」、上下する可能性のあるものを「変動金利」と言い、契約者は選択可能。※3で紹介したフラット35は、全期間固定金利のみ。

※20　住宅ローン控除
「住宅借入金等特別控除」の略。住宅を、住宅ローンを利用し、購入または建築した場合、給与収入やローン残金に応じて、税金が控除される制度。適用には諸条件がある。

※21　繰り上げ返済
ローンを早く完済するか、月々の返済額を少額にするために、契約した額よりも多く返済すること。繰り上げ返済した分の金利がかからないので、金額的なメリットもある。ただし繰り上げ返済をどのように行うべきかについては、契約者個別の状況により、専門家でも意見が分かれる。

建て主の悩み

親からの援助や
相続については
誰に相談すればいいの？
どのくらいの予算で
考えれば良いだろう？
都心か、
郊外か、
資産価値は
変わるの？
住宅ローンは
どうやって
選ぶのだろう？
住宅ローン控除
って何だろう？
繰り上げ返済は
するべき？

・親からの援助や、相続については、相談できるか？　等々。

そう、ほとんどが「家づくりとお金」に関わる疑問です。あふれる希望やビジョンやデザインイメージと同じくらい、その反面に「お金」の疑問があります。つまり、多くの建て主は「お金についてのたくさんの不安」を持った状態で、相談窓口を探して四苦八苦しているのです。しかもその「お金の不安」は、建て主にとってかなり根が深い課題と言えます。

建て主が抱くお金の不安

クリエイティブで賢い建て主は、本当は自分たち家族や、企業にあった「幸せの形、理想の形」を追い求めよう、上手な解決案をつくりあげようとスタートラインに立つのですが、お金の疑問は「お金の不安」になり、建て主の伴走者としてぴったり真横にくっついてきます。誰しもお金や将来についての不安はあって当然です。しかし建物づくりのスタートラインに立った瞬間は、その不安が建て主の頭の中で、最大化しているか、または大きすぎて気づかなくなっているか、どちらかです。

これはほぼ全ての方がそうですが、一例として引き続き「新中間層」の住宅の建て主にとってはどうか、考えてみましょう。

彼らは世帯年収からして、総事業費[※22]5000万円～1億円程度の家づくりを行うことが多いと思います。彼らは勤勉で計画的ですが、富裕層というわけではありません。一人ひとりの年収は飛び抜けて高いわけでもありません。個性的な趣味の一つや二つはありますが、基本的に堅実に暮らしています。

そんな彼らにとって、「家づくり」は大きすぎる買い物です。まず不安になるのは自然です。また、不動産、建築、銀行、どんな業界にも、販売側都合のセールストークによって間違った情報が提供されることはあり得ます。そこで抱いてしまった疑念が、建て主をさらに不安にし、不自由にしていくことも頻繁に起きています。

そう、「不安」は建て主をどんどん不自由にしていくのです。家づくりが始まる瞬間、建て主はお金の不安に駆られた不自由な決断ばかりをしがちです。例えば、住宅にかかるお金も質の保証もよく分からず不安が大きい、だからとりあえず大手メーカーを選んで安心しておく、といった選択です。だけどその選択の根拠は「大手だから大丈夫だろう」、それだけだったりします。本来の選択肢は狭まり、理想が遠ざかり、数千万円以上の買い物にも関わらず、そんな不自由に満ちてしまう。その結果、個性的でクリエイティブな住まいをつくりたいと思っている新中間層の建

※22 総事業費
その建物を使い始めるまでにかかる全ての費用。住宅であれば「土地代や手数料」「各種登記費用」「銀行の保証料や手数料」「測量や地盤調査」「建築費用や設計料」「各種税金」「火災保険」「家具や電化製品」「引越し費用」までを含む。

て主が、何と、建築家のもとにたどり着きさえもしない、そんなもったいない状況が多発しているのです。

新中間層だけではありません。例えば「不動産投資をしたいオーナー」についても同様です。本来、お金についての不安を克服するために勉強し、投資マンション[※23]を購入、またはアパート[※24]を建築し、不動産投資を行おうとしているはずなのですが、やはりスタートラインで不安が増大した時、不自由な選択をせざるを得ません。

親から不動産資産を相続した人も同様です。これからは日本の人口が減ると言われていますから、マンションやアパート、事業物件を所有することは、必ずしも良いことばかりを意味しません。資産を持てば、その分だけ悩みが増えるのは、不動産オーナーになればよく分かることです。

「お金とデザインの関係」を知る

ではどうすれば良いのか。住宅であれ、不動産投資であれ、また企業のオフィスづくりであれ、正しく適切に、建物づくりの「お金とデザイン」の関係を知ることです。ここで言う「デザイン」とは、単に形や色や装飾を指すのではなく、「使いやすさ」や「機能性」はもちろん「自分たちの課題を明確にし、建築的に解決する」ことも含みます。

※23　**投資マンション**
新築または既存の分譲マンションの一室を購入し、賃貸収入を得る不動産投資。近年では「サラリーマン大家」という言葉も聞かれるほど、一般人にも広まった。

※24　**アパート建築**
多くの自宅以外に土地を所有している地主がアパート建築を行う理由は、賃料収入を得る土地の有効活用に加え、相続税評価額を低減させる目的がある。

このお金でどんなデザインが手に入るのか。逆にそのデザインでどんなお金の課題が解決するのか。その関係の重要性を理解することが、建物づくりのプロセスに本来は組み込まれるべきなのです。

だからまず、建て主自身が自問してお金の不安があるかどうかを認識すること。そして、専門家にその不安を共有してもらうことが重要です。不安がすぐに完全になくなることはありませんが、数千万円以上の投資なのですから、専門家から適切な選択肢を与えられ、その中から自由にやりたいことを選択する、それを目指すべきだと思います。だからこそ、建て主や建築家に、不動産思考術が必要なのです。

不動産会社の役割

建て主の多くが家づくりのために訪れるのが、不動産会社です。土地を探すために、また既に土地を持っていても、何かしらの不動産的な相談のために訪れます。

不動産会社と言えば一般的にはどんなイメージを持たれているでしょうか。アパートやマンションを借りたことがある人にとっては、駅前にある小さな不動産屋、またマンションや家を買う時に仲介してくれる不動産営業マンが比較的身近な印象

※25　開発、分譲
都市開発や宅地開発のような地区全体を開発する会社から、小規模マンションの企画から販売を手掛ける会社まで幅広い。ディベロッパーと呼ばれる。

※26　売買仲介
全国の駅前にチェーン展開する会社から、地域密着の会社や、最近ではインターネット上のみで販路を広げる会社等さまざま。また新築マンションや投資物件の販売に特化した「販売会社」もある。

※27　賃貸管理
不動産オーナーに代わり、賃貸している住人やテナントからの家賃を徴収し、相談やトラブルの窓口になる会社。賃貸仲介会社と併設されていることが多い。

かと思います。あるいはマンションやショッピングセンターを開発するディベロッパーも不動産会社です。小さな店舗から、都心にビルを構える大手まで、土地や建物を扱うおおよそ全ての仕事に従事しているのが不動産会社です。

これらの不動産会社の仕事を種類別に整理すると、およそ四つに分かれます。

・ビルやマンションの開発[25]、分譲
・土地やマンションの売買[26]物件の仲介
・アパートやマンションの賃貸物件の仲介
・賃貸管理[27]

さらに最近ではそれらが混ざり合った業務や、広く問題解決に取り組む、不動産コンサルティング等があります。家づくりや建築事業で、不動産会社ができることは、これらのうち、「土地やマンションの売買物件の仲介」（売買仲介と言います）です。

その業務のステップは、①物件の案内、②融資手続きのサポート（業界ではローン付けと言います）、③不動産の売買契約の3点です。これらを宅地建物取引士[28]（以下、宅建士）や営業マンがサポートします。この3点が、建て主の家づくりのプロセスにおいて、その性格を決定付けるほど重要なステップなのです。この宅建

※28　宅地建物取引士
宅地建物取引業法に基づき定められた不動産取引の国家資格。高額な不動産を購入（または売却）する者が、損害を被ることを防止するために、一定の専門知識と能力を有し、公正な取引を成立させるための専門家。２０１５年４月、それまでの「宅地建物取引主任者」から名称変更された。

※29　不動産会社のデータベース
通称「ＲＥＩＮＳ（レインズ）」。Real Estate Information Network System の略。不動産情報の標準化・共有化を目的として、１９９０年に構築された、不動産会社が閲覧できる全国の物件データベース。全国の不動産会社が加入する公益法人により運営されている。

※30　不動産情報広告
業界では「マイソク」や「図面」と呼ばれるＡ４かＢ４サイズの紙情報。物件の価格や広さ、都市計画法や建築基準法の制限条件、取引条件に加え、買い物のためのスーパーや小学校までの距離等、周辺環境の説明が書かれている。

士のステップを、あらためて確認してください。

①物件の案内

不動産会社を訪れたら、営業担当者と一緒に土地やマンションを訪問します。

営業担当者は、[※29]不動産会社のデータベース等から、建て主の条件に合う土地（や建物）をピックアップし、[※30]不動産情報広告を渡してくれるでしょう。

そうして不動産会社の担当者のアドバイスのもと、いくつかの不動産を見て回るうちに気に入った土地があれば、案内してくれた会社に「売買の仲介（宅建業法では「媒介」と言います）」を依頼し、売買契約の準備に入ります。この時点で建て主はその土地の「買主」ということになります。

一方で土地を所有している「売主」にも「媒介契約」を結んでいる仲介業者がいます。一般的には買主の仲介業者は買主の味方として、売主の仲介業者とさまざまな交渉（不動産価格、[※31]手付金の額、契約の期間、解除の条件等）を行います。

ちなみに日本では、その売主、買主双方の仲介業者[※32]が2社ではなく、1社である場合も認められています。また売主が不動産会社自身で、[※33]直接土地やマンションを販売している場合は仲介会社はいないことになります。これらのケースでは、取引的に建て主の立場で交渉してくれる仲介人がいないことになりますから、売り主

※31　手付金
不動産売買契約を締結する際、買主から売主に支払われる、売買代金の一部。売買代金の5～10%が一般的。買主または売主が契約を解除したい場合（手付解除と言う）の、キャンセル料の意味合いがある。

※32　仲介会社が1社
業界では「両手取引」と言われる。利益相反する可能性がある、売主、買主双方の媒介を1社が行うために、宅地建物取引士や営業担当者には、通常より高い倫理が求められるべき。

※33　直接販売
不動産会社が、直接、買主に土地や建物を販売するケース。大手不動産会社の新築分譲マンションの販売はほとんどこのケース。不動産開発会社による土地区画の分譲販売や、パワービルダーによる建売住宅の販売でも、このケースがある。

物件の案内：実際に土地に案内してもらう

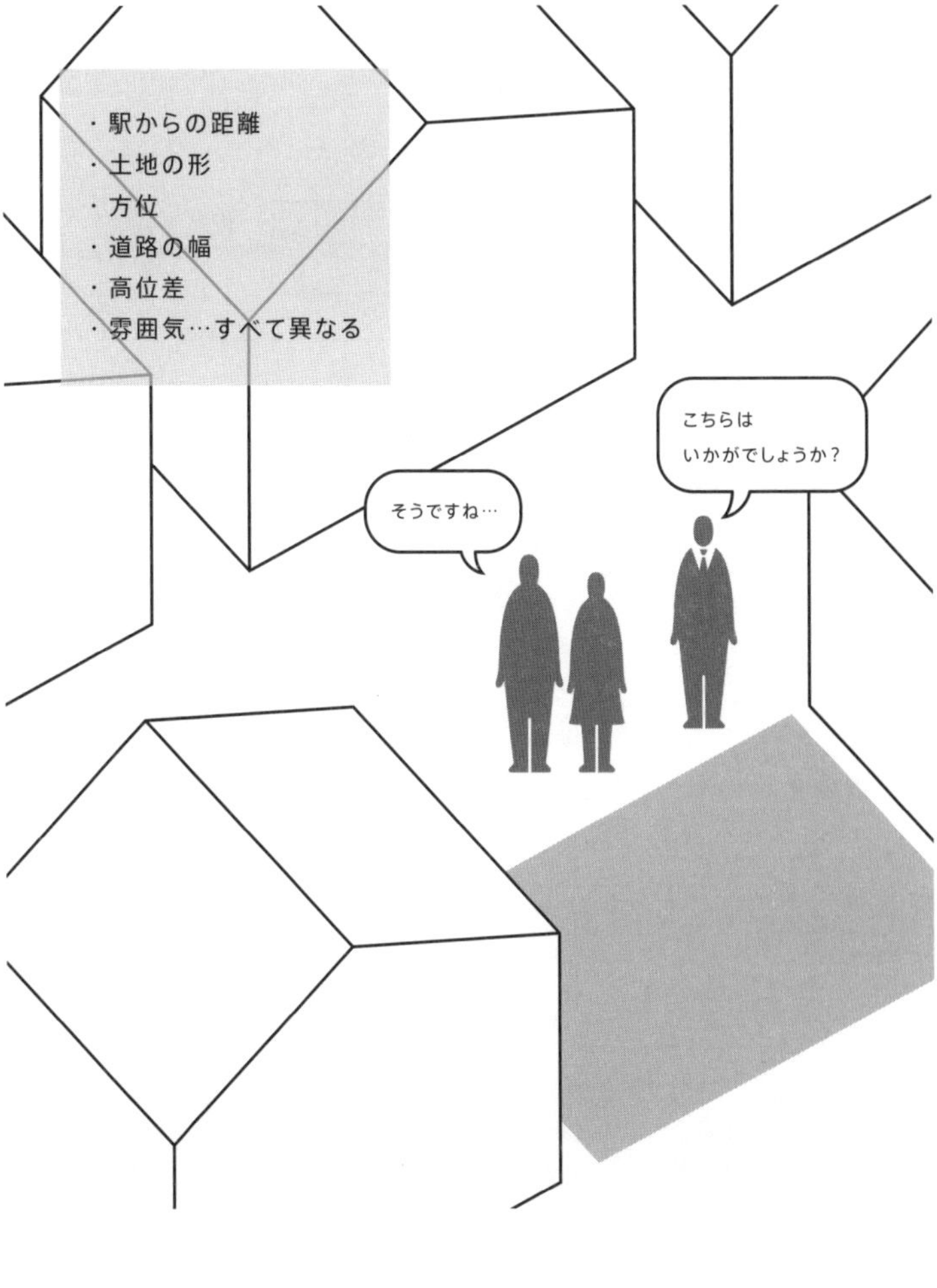

売主・買主・仲介会社の
3つの関係パターン

仲介の基本形

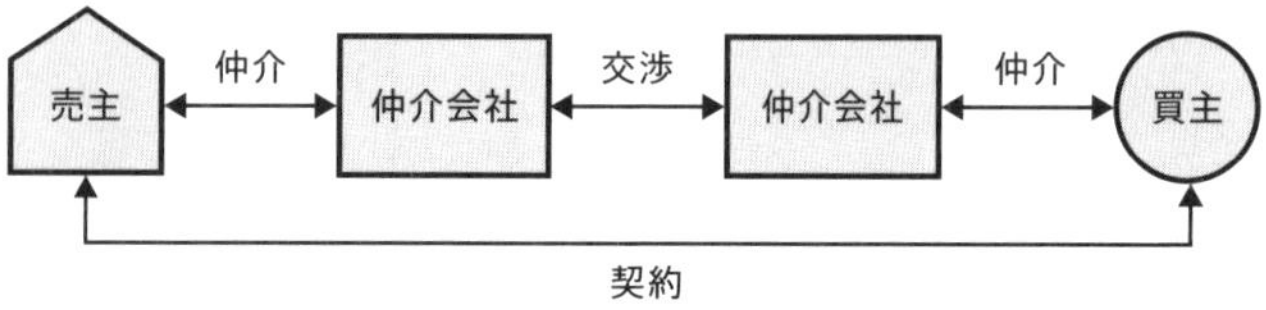

仲介会社が1社の場合

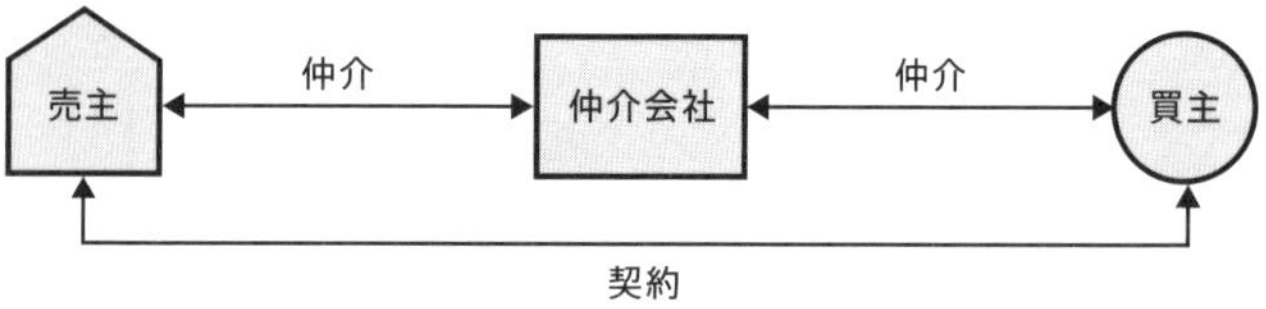

直接売買

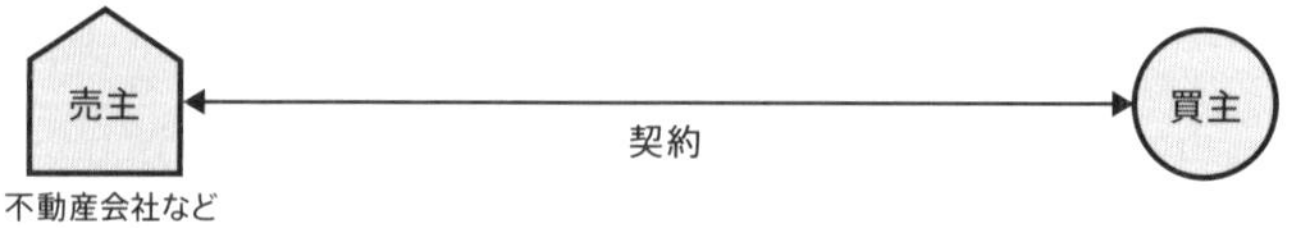

売主・買主と、仲介会社の関係は3つパターンがある。
どういう体制で契約しようとしているのか、よく知っておこう。

（＝仲介会社）が信頼に足る不動産会社であることを確認しましょう。

優秀な不動産仲介人とは

優秀でレベルの高い仲介人は、建て主の話をよく聞いて分析し、建て主が本当に欲しいものや、メリットを追求します。また買主や売主の取引リスクを回避する助言をし、安心安全な売買契約を実現する、そんなマインドを持っています。

逆に「営業マンのセールストークが強い」とか「建築についての十分な知識がない」といった意見も耳にします。それらが業界の性格までを決定してしまっているとしたら、残念なことです。不動産仲介業界全体が、その知識やサービスレベルの底上げに努めなければなりません。

ちなみに「建築についての知識」といってもそれは「建築設計」の知識ではありません。不動産仲介人（または宅建士）が、法的にも契約的にも求められるのは、正しく適切な「不動産（売買）取引の知識」です。

それでも優秀な仲介人は、「不動産」に関する法律や「契約」や「お金」に詳しいのはもちろん、建築士顔負けの「建築の基礎知識」を持っています。例えば、建築基準法[※34]で定められた建ぺい率[※35]や容積率[※36]、また用途地域[※37]ごとに建てられる建物の種類について、ベテランともなると土地取引を経験している数が数百件を超える場合も

※34　建築基準法
建築を建て、維持するための中心的な法律。建物の敷地、構造、設備、用途について定め、国民の生命・健康・財産の保護を図り、公共の福祉に貢献することを目的とする。

※35　建ぺい率
土地面積に対する建築面積の割合。建築面積とは、建物を建てる面積のことを言う。土地面積が１００㎡（約30坪）で建ぺい率が最大50％のエリアでは、50㎡（約15坪）の範囲に建物を建てることができる。

※36　容積率
建ぺい率に対して容積率とは、土地面積に対するトータルの床面積（のべ床面積と言う）の割合。土地面積が１００㎡（約30坪）で容積率が最大80％のエリアでは、80㎡（約24坪）までの床面積を作ることができる。

ありますから、その意味合いや建築物との関係をとてもよく知っています。

このように仲介人には、経験年数に関係なく、セールストーク中心の人や、不動産の知識や技術を中心に考える人等、いくつかのタイプがあるのですが、建て主からすると、見分けるのも選ぶのも、難しいのが現実です。

これは日本の不動産の取引商慣習では、「仲介人を探す」[※38]よりも「物件を探す」ことにウエイトが置かれることに関係します。知り合いに信頼できる仲介人がいれば幸運ですが、多くの場合、物件を探すなかでの偶然の出会いに頼らざるを得ません。

②融資手続きのサポート（ローン付け）

建て主や建築家にとって、最もイメージしづらい部分が、この融資（ローン）に関する手続きだと思います。家づくりや建築事業を行う建て主のほとんどは、銀行等の金融機関から「住宅ローン」や「事業ローン」等を利用します。

不動産売買契約においても、住宅ローン審査の是非は、契約解除特約[※39]になるほど重要なものです。またローン[※40]の事前審査が下りないと契約できない場合も出てきます。

このように、ローン手続きは建て主にとって重要なステップですから、不動産会社はしっかりとサポートしてくれます。

ローンの知識と実務的な実行力は、不動産仲介人が一番でしょう（例えば一例と

※37 **用途地域**
建物の用途の混在を防ぐために、住居系、商業系、工業系に分けられる。例として、住宅地であれば「第一種低層住居専用地域」、商業地域では「近隣商業地域」といった呼称が付され、建築できる建物の用途に制限がある。

※38 **仲介人を探す**
2015年現在、仲介人（エージェント）を検索するサービスが数社スタートしている。日本でも不動産を、「物件」と同時に「人」から探す商流が始まりつつある。欧米では買主が不動産エージェントを探すのは一般的である。

※39 **融資利用の場合の解除特約**
「ローン特約」と呼ばれる。ローンの本審査は、売買契約から引き渡しまでの1〜2か月の期間に行うことが一般的である。そのため、もしローンが通らなかったら、契約自体を白紙解除（無かったことにする、という意味）し、買主が支払った手付金が戻ってくる特約が付けることが多い。

して大手都市銀行[※41]のローンセンターと直接のやりとりをするには、「宅地建物取引業者」であること、「その土地を仲介していること」が条件になるようです）。

住宅ローンの場合、まず仲介人は、建て主の職業、年収、自己資金から、どのくらいローンの借り入れ[※42]が可能かを計算します。日本の一般的な住宅ローンは「年収主義」ですから、勤務先と年収で、だいたいの借りられる額は分かります。

ただし、「借りられる金額」と「借りて良い金額」は異なりますから、めいっぱいまで借りるのか、抑えた額にするべきかは、建て主の個別の資金力や将来展望しだいです。本来なら「ファイナンシャルプラン的視点」が欲しい所です。

たとえ、仲介会社に実際のファイナンス力を越えた借入を勧められた場合も、しっかり自分たち家族の中長期的なビジョンを軸に置いて、判断したい所です。借入は、大きすぎず、小さすぎず、適切な考え方が必要なのです。

説明した通り、住宅ローンは不動産売買契約と絡みます。契約までの限られた時間で、複数の金融機関に打診[※43]（事前審査への申込み）するため、購入したい土地の情報、建てられる間取りの図面や建物価格、申込者の身分証明書、源泉徴収票[※44]や住民票等、たくさんの資料を大急ぎで揃える作業です（本審査ではもっとたくさんの資料が必要になります）。あまり知られていませんが、仲介人は、建て主の売買契

※40　**ローンの事前審査**
前項でのローンの本審査に対して、契約前に短時間（都市銀行の一般例では数日～1週間）でローン承認の可能性を確認するための審査。不動産会社経由で審査してもらうことが多い。

※41　**都市銀行**
2015年現在、三井住友銀行、三菱東京UFJ銀行、みずほ銀行、りそな銀行が都市銀行と呼ばれ、住宅ローンを扱っている。それに対して、横浜銀行、千葉銀行、ゆうちょ銀行（ほか多数）は、地方銀行と言い、これらの多くも住宅ローンを扱っている。

※42　**借入額の計算**
住宅ローンの場合、年収の35%～40%を返済比率とし、それ以下であれば計算上は借入可能。変動金利で審査する場合は、金利が高くなった場合を考慮した金利（審査金利）で計算する。

約の前後は、銀行の担当者と頻繁に連絡をとっています。それほどローン手続きは仲介人の大事な仕事なのです。

このステップを経て、いよいよ不動産の契約が可能になり、建物づくりが急に現実的になっていきます。

③不動産の売買契約

ローン審査が通る前後で、建て主は不動産売買の契約のステップに進みます。不動産仲介人の仕事としては、ここがメインイベントで、次の流れになります。

(1)重要事項説明[※45]（不動産会社から買主へ）
(2)売買契約（売主と買主間で。売買代金の一部を手付金として支払う）
(3)ローン本審査（建て主から金融機関へ）
(4)金銭消費貸借契約（ローンの契約。建て主と銀行間で）
(5)決済（引き渡し、所有権移転と売買金額の支払いのこと）

一般の建て主はこの手順に慣れていませんから、不動産会社がサポートします。まず、いよいよ契約間近というタイミングで、建て主は、数時間かけて(1)重要事項説明書の内容を確認します。

これは契約と一体になった、この土地の詳細情報が記載された書面です。土地の

※43 図面や建物価格
土地契約前の、事前審査の段階で必要になるケースが多く、打診する金融機関によって異なる。実際の計画案と異なる場合も多いが、ここで事業規模が決定されると言える。

※44 源泉徴収票
企業が給与所得者へ支払った額と所得税額等を証明する書面。企業から社員に交付される。自営業者の場合は、これに代わり、確定申告書等を提出する。

※45 重要事項説明書
不動産の詳細情報が記載された書面。詳しくは本文参照。売買契約の前に、国家資格者である宅地建物取引士から買主に行うことが法律で定められている。

不動産取得の流れ

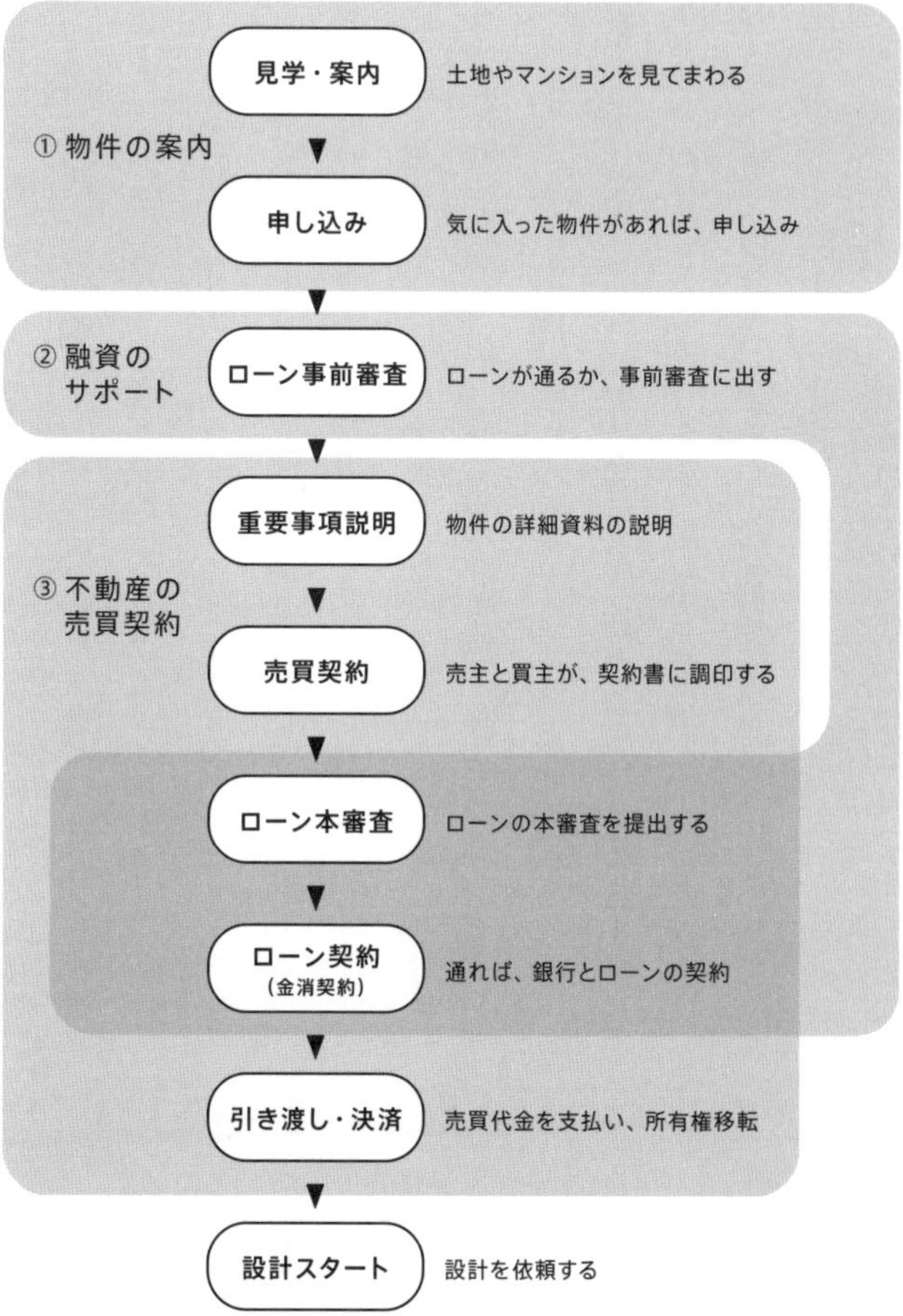
① 物件の案内
見学・案内
土地やマンションを見てまわる
申し込み
気に入った物件があれば、申し込み
② 融資のサポート
ローン事前審査
ローンが通るか、事前審査に出す
③ 不動産の売買契約
重要事項説明
物件の詳細資料の説明
売買契約
売主と買主が、契約書に調印する
ローン本審査
ローンの本審査を提出する
ローン契約
(金消契約)
通れば、銀行とローンの契約
引き渡し・決済
売買代金を支払い、所有権移転
設計スタート
設計を依頼する

面積や、測量図[※46]の種類、建築基準法や都市計画法上定められた制限やその種類、各種条例、ガス管や水道管等の埋設配管の状態、道路・隣家との権利関係、売買価格やそれ以外の金銭の授受、契約の解約条項…、そのほか特に注意すべきことが網羅されている重要資料です。付属資料を含めると数十ページ以上になります。

法的には、宅建士の国家資格上の独占業務は、この重要事項を説明することと記名押印すること（と契約書に記名押印すること）ですから、社内でも法律や契約を扱うセクションが念入りに時間をかけて確認します。

全てを確認した建て主（買主）は売主と面会し、契約書を読み合せます。緊張しながら署名、押印し、手付金を支払い、ようやく(2)売買契約の成立となります。

しかしこの段階では、まだ完全に土地が手に入るかどうかは確定していません。あくまで「契約＝約束」ですから、それが実行される(5)決済まで、気は抜けません。そこからも建て主と仲介人は忙しく、(3)ローンの本審査を提出し、審査が通れば、(4)金銭消費貸借契約を建て主と金融機関が締結し、契約から通常は1～2か月程度で(5)決済を行います。

決済は、買主、売主、仲介人、司法書士[※47]が融資を行う銀行に集合し、ローンの実行、残金の授受、買主への登記移転の手続きを行う土地取引の最後のイベントです。

※46　測量図
土地の測量図は、建築士ではなく、土地家屋調査士（測量士）が作成する。「確定測量図」「地積測量図」「実測図」があり、その性格は異なる。詳しくは続く本文参照。最近売買した土地でなければ、不動産コンサルへ相談した方が無難。

※47　司法書士
司法書士法に基づき、登記や供託等のために、法務局や裁判所に提出する書類の作成を行う国家資格者。不動産取引の決済では、売主から買主への所有権の移転等を担当する。

以上が不動産会社で建て主が経験することです。どうでしょうか。売買経験のある方にとっては、よく知っているステップだと思います。不動産会社での案内、ローン付け、契約決済は、家づくりのプロセスにおいて、その性格を決定付けるほど重要、と先述した理由は明確になったでしょうか。当たり前ですが、この段階で既に、建物を建てる「土地」と「予算」が決定しています。

不動産仲介人から建築家へのバトンパスはうまくいっているか？

ところが、建て主の事業はまだ始まったばかりです。デザイン志向の高い建て主であれば、ここから本格的に、建築家に建物の相談を始めます。つまり、ここで初めて家づくりのバトンは不動産仲介人から、建築家へと渡されるのですが、私は、実はここに違和感があります。

例えば、先に説明した土地の情報が詰まった「重要事項説明書」が、いざ設計する際に、建築家に手渡されているケースは、どの程度の割合なのでしょうか。熟知している設計事務所であれば、重要事項説明を読み込むでしょう。しかし逆に、その書類の存在を十分に知らされていないケースも多いのです。全力で走ってきた不動産仲介人から、建築家へのバトンパスは、うまくいっているのでしょうか。

結論から言うと、うまくいっていない場合がほとんどです。これは建築と不動産業務が、制度的・法的に、縦割りだから起こりうるのですが、ではなぜそういう状況になっているのか？　これを考えることは、本書のテーマの核心に迫ります。

もしかしたら、この当たり前の手順を考え直すことで、より良い建物づくりができるのではないでしょうか。2章、3章で事例とともに解説しますが、その前になぜその違和感が生じるのか、「縦割り」とはどんなものかを探ってみましょう。

仕組みが異なる建築デザイン業界と不動産業界

これまで、建て主や建築家を取り巻く環境の変化、建て主の多様化やお金の話、不動産仲介会社の業務を簡単に紹介しました。そして一つの仮説を立てました。

「もしかしたら、今のこの当たり前の手順を考え直すことで、クライアントや建築家にとってより良い建物づくりの可能性が広がるのではないか」。これは、教科書や書籍にあらかじめ書かれていたものではありません。

二つの業界を経験して見えてきたもの

私はもともと大学で建築学を専攻し、大学院まで建築家に師事します。卒業後は、建築設計業界ではいわゆるアトリエ事務所[※48]と呼ばれる、建築家の事務所で7年勤め

※48　アトリエ事務所
建築設計事務所の中でも、建築家個人のデザイン的、芸術的技能を明確に指向する事務所の呼称。数名から十数名程度の小規模な事務所であることが多い。

ました。もともと大工の家系であった私にとって、現代建築学や設計デザイン思考や実務は刺激的でした。そしていつかは恩師のような建築家になることを夢見ていたのです（3章のケーススタディ1：109頁参照）。

それにも関わらず、縁あって、中小規模の不動産会社に転職しました。今振り返っても、この転職は合理的な選択ではなかったと思います。今どきの戦略的なキャリアプラン等、まるでありませんでした。言うなれば「きまぐれ」であり「あてずっぽう」で、ちょっとした「よりみち」程度に思っていました。もっとも、そのまま建築家の道を進むことに、漠然とした疑問を抱えていたことは確かです。

ところが私は相当に運が良かったようです。建築設計時代も、恩師や仲間、職場や先輩に恵まれ、「建築の奥深さ」を探求できた上に、不動産業界に入ってからも、全く違う次元にある「不動産の楽しさ」を分かち合える職場と師に恵まれました。

結局5年近く勤めた不動産会社でも、ある発見がありました。小さな規模の、異なる仕事を深く経験して分かったことです。建築設計デザイン業界と、不動産仲介業界は、小規模になればなるほど、深刻な縦割り業界であるということです。

それはなぜかを考えるために、今度は建築設計事務所の業務ステップを紹介します。個人オーナーの住宅、企業のオフィスビルや商業ビル、学校や庁舎等の公共建築まで、建築設計（デザイン）といっても、扱う規模や種類はさまざまです。共通しているのは、企画→基本設計[49]→実施設計[50]→申請業務[51]→見積・積算業務[52]→（工事）[53]監理業務、という順序が基本となることです。

これらを通じて、設計事務所は建て主に、家づくりの自由な考え方、常識に囚われない家族にあった形、斬新な企業理念の空間化を提案し、実現します。そのプロセスで建築家は、設計図面を作成し、CGや模型をつくって、建て主と何度も打合せします。その全ての瞬間に「ものづくり」の精神を感じることができるでしょう。

一方で不動産仲介の業界を振り返ると、宅地建物取引士（宅建士）の名に含まれるように、その精神は資産の適正な「取引」にあります。取引とは、高価で権利関係も複雑な不動産を、公正に売買、交換、賃借等を行うことです。それは宅地建物[54]取引業に登録している不動産会社の独占業務です。このように、きれいに分業されたルールの中では、建築家や一級建築士事務所が土地や建物の仲介（媒介）をすることはできません。商慣習的にもそれは建築士の仕事とは全く別のものとして扱われてきました。

逆に不動産会社が建物を設計したり工事監理したりすることも、許されていません。設計についての一定の教育を受け、実務を経験した者に限られ、一人の建築士

※49　**基本設計**
建築の設計業務は、基本設計と実施設計の2段階に分けられる。前半の基本設計は、建物の計画内容（基本的な仕様や間取り）を決定する工程。基本設計が完了した図面を、基本設計図と言う。

※50　**実施設計**
後半の実施設計は、基本設計図に基き、詳細でより多数の図面を作成していく工程。その図により、積算または見積を行う。

※51　**申請業務**
建築基準法第6条に基づく申請行為。建て主は、計画建物を申請し、確認済証を受領しないと、建築することができない。建築士事務所が建て主から委任を受けて、申請することが一般的。

※52　**見積・積算業務**
実施設計図を、工務店やゼネコン等の施工会社が、見積を行う。設計事務所は建て主に代わり、施工会社との連絡業務や質疑回答を行う。

を管理建築士[55]として登録し、建築士事務所を開設するという決まりがあります。

そうしたルールによって、立場の違い（「ものづくり」と不動産の「取引」の精神）は、なかなか互いに理解しにくいようです。建て主から見ると、お隣どうしのお仕事にも関わらず、お互いがお互いの仕事内容を知りません。

建築と不動産のあいだに立つ「壁」

ここに、決定的な「建築と不動産のあいだ」の壁があります。

この壁は小さな会社に顕著です。そして設計事務所も不動産仲介会社も、寡占化が進まない「市場分散型業界」の代表例であり、無数の小企業からなる業界です。

例えば新築の戸建住宅を例に挙げると、市場では大手ハウスメーカーが目立っているように思われるかも知れませんが、市場全体からすると、実際のシェアは4分の1未満なのです。これは大手住宅メーカーの場合、広告費（テレビCMや新聞広告等）、展示場運営費（固定資産や維持費）、人件費等の費用が固定費としてかかり、価格的なメリットを出しにくいから、と言われています。

またこれら固定費の割合が高いということは、経営戦略的には、売上規模重視の、「量」を追求するビジネス展開が望ましい、ということになります。そうすると、小さな会社の方が、その個性や、特化した技術、地元地域性といった「質」のビジ

※53 （工事）監理業務
建て主から設計者が依頼を受け、工事が設計図通りに進んでいるか、照合・確認する業務。また建て主との契約により、建物の品質を確保するため、さまざまな業務を含む。工事の現場管理（現場監督）とは異なる。

※54 宅地建物取引業
不動産会社が、自ら不動産を売買し、また売買、交換、賃借を媒介（仲介）する場合に必要。宅地建物取引業法に基き、国土交通大臣または都道府県知事の許可を得て、宅地建物取引業者となる。

※55 管理建築士
建築士事務所に一名置かなければならない、事務所を管理する建築士。2008年の建築士法改正から定められ、建築士資格取得後3年以上の実務経験等の条件がある。複数の事務所の管理建築士を兼務できない。

ネスで、大手企業を超えることはよくあります。

これは建築設計事務所や不動産会社にも、共通しているのです。これが、それぞれの業界が寡占化しない理由です。実際に、建築設計事務所や不動産会社は、小さくても優秀な会社がたくさん活躍しています。

ただし、小さな建築設計事務所、または不動産の会社は、個性や能力を持っているのに、「建築と不動産のあいだ」の壁のために、スムーズに協力できていない…、そんな背景が見えてきます。

二つの業界で働く「人材」の違い

さらにこの「建築と不動産のあいだ」の環境をよく観察してみます。

まず「ものづくり」と「取引」の二つの業界で働く「人材」に目を向けてみると、その教育もキャリアもかなり異なっています。「ものづくり」である建築設計の法律は、建築基準法や建築士法です。原則的に国家資格である「建築士」を持っていないと、建物づくりはできません。

設計業務には、日本に３００前後あると言われる大学や専門学校の「建築系学科」を卒業した専門性の高い人材が従事しています。主に理系または芸術系の人材が、実務を経て、国家資格である建築士資格（一級建築士、二級建築士等）を取得

建築設計業界・不動産業界の構図

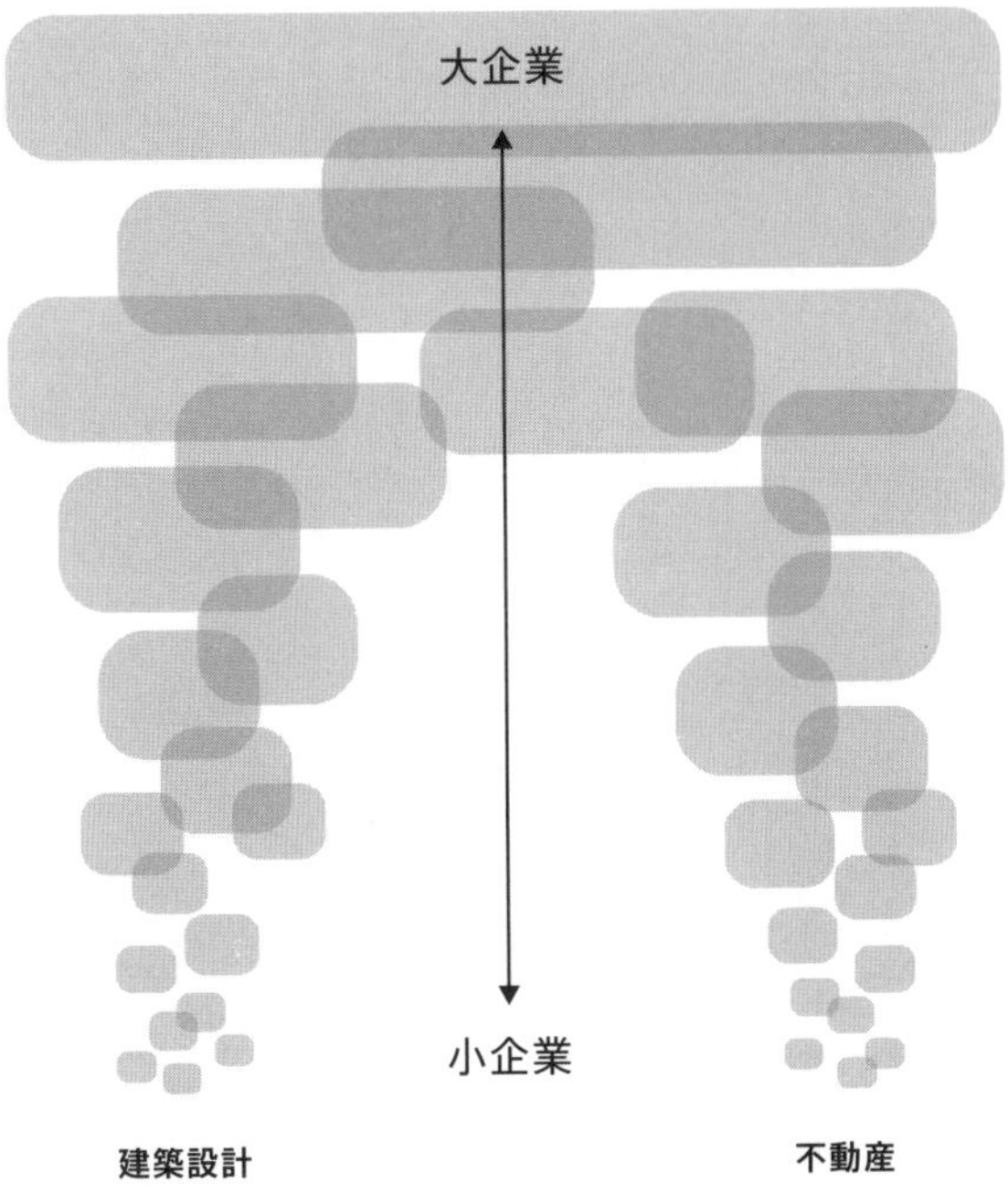

建築設計業界、不動産業界共に、大手のシェアは低く、
優秀な人材は無数の小規模会社にも多数いる。
しかし小規模になるほど、建築と不動産は離れていく。

します。実務経験を積み、中には建築家として独立し、設計事務所を開設、経営するでしょう。優秀な設計者は、論理的であると同時に、感性豊かな人が多いです。

では不動産の場合はどうか。土地等の「取引」を旨とする不動産の法律は、宅地建物取引業法をはじめ、その上位法である民法[※56]や、その中の相続法[※57]、また不動産登記法等[※58]があります。不動産の国家資格である「宅地建物取引士（宅建士）」は、多くの方が不動産業界に就職してから勉強して、取得します。多数の建築系学科に対して、日本に不動産系学科はまだほとんどありません。不動産の技能は実務を通じて習得するのが一般的です。

不動産の仲介人であれば、まずは営業の現場から始まる人もいます。不動産業界がセールスのイメージが強いのは、このためかも知れません（ただし、みんなが営業からスタートするわけではありません）。

理系や芸術系が多い設計デザイン会社に対して、不動産業界は文系の人材が多いような気がします。単純に人の系統が異なるということは、やはり物事の捉え方や観点が異なり、これも「建築と不動産のあいだ」に壁を生む原因になります。

二つの業界の成り立ちの違い

それぞれの業界の成り立ちや歴史にも違いがあります。「建築設計」は、明治時代

※56　民法
日本国憲法や刑法と並び、主要な六法のうちの一つ。一般人同士の関係を規定した私法の中の基本的な法律。財産や家族について定められている。

※57　相続法
民法の家族についての規定のうち、「相続」について規定されている条文を総称して、相続法と呼んでいる。不動産は相続の対象になりやすいため、宅建士は相続についての基礎的知識が求められる。

※58　不動産登記法
不動産の表示や権利を公示するための制度を定めた法律。登記されている内容は、法務局が交付する登記簿謄本で確認できる。

にヨーロッパから輸入された概念です。それまでも日本は、ものづくりの文化は根強かったのですが、宮大工や棟梁がその役割を担っていました。明治に入って、日本の都市の近代化に向け、新しい建物づくりのリーダーのポジションが創設されました。その時に「建築」「建築家」という言葉も生まれています。

ヨーロッパの建築家が招聘され、その教え子が日本の最初期の建築家となります。彼らが教職に就き、後進を育てました。現在の建築系学科の教育システムや、設計と施工の技術者が大学機関から輩出される伝統は、この頃からつくられていきます。

一方、不動産業の明治時代には、田畑永代売買禁止令という法律が廃止され、明治6年に地租改正が行われました。そうすることで、土地の私的所有権が誕生しました。つまり人々は自由に土地を売買することができるようになったのです。これが後々の不動産環境を形成する基礎となります。

昭和に入り、戦後の「農地解放」により、小作人による土地の所有が促進された後は、戦後復興から高度経済成長へと突き進みました。その後も「所得倍増計画」[※59]「日本列島改造論」といった政策も影響し地価が上昇、ついにはバブル景気[※60]とその崩壊を経て、最近の不動産証券化の時代へと移ります。ただこちらは大学機関ではなく、純粋にビジネスの世界で高度に発展していく様子が分かります。

※59　所得倍増計画・日本列島改造論
所得倍増計画は、1960年、池田内閣の下で制定された長期経済計画。10年間でGNP2倍の目標だったが、実際はそれ以上の成長を見せた。日本列島改造論は、1972年の田中角栄による著書。田中内閣の発足とともにベストセラーとなる。日本列島に高速道路と新幹線等の交通網を張り巡らせることで、地方の工業化を図るもの。結果、地価の上昇やインフレも引き起こした。

※60　バブル景気
1988年頃から、1992年頃まで続いた、日本の好景気。実態経済とかけ離れた資産価格の高騰が起き、日経平均株価は、史上最高の3万8957円を記録し、多くの地域で、土地の価格が大幅に上昇する等、日本は好景気に沸いた。

建築と不動産の壁

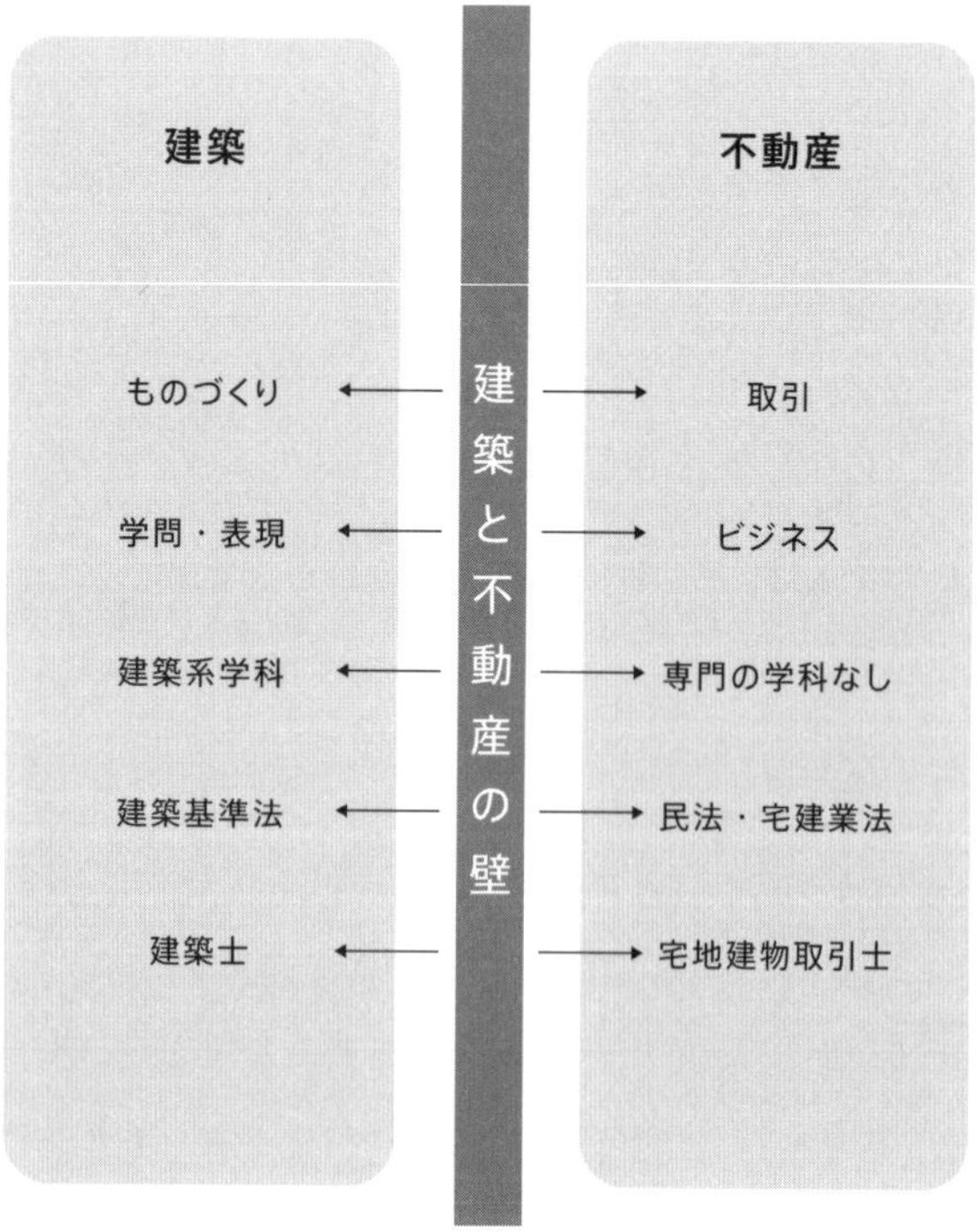
建築
ものづくり
学問・表現
建築系学科
建築基準法
建築士
建築と不動産の壁
不動産
取引
ビジネス
専門の学科なし
民法・宅建業法
宅地建物取引士

以上のように二つの業界は、隣り合わせにありながら発展過程がこれほど異なっています。そしてその違いについて、これまで比較されるシーンがあまりなかったことも、建築と不動産の壁を見えにくくしているように思います。

色んな要因があって、建築デザインと不動産仲介の仕事は縦割りです。考え方も価値観も、人材の特性や商慣習も違い、その結果としてコミュニケーションが十分ではないため、私たちが「建築と不動産のあいだ」と呼ぶ独特な世界を生んでいます。

建築と不動産のあいだ ～クリエイティブな価値と利益を見つける～

「建築と不動産のあいだ」とは、建築と不動産がその独自の仕組みのために価値観が共有されない、コミュニケーションできない場所、つまり建て主の建物づくりのプロセスでウィークポイントが集まる場所と言えるかも知れません。逆にそこを解決すれば、建物づくりの新しい可能性にあふれる場所になるかも知れないのです。

建て主は、最高の家づくり、最高のオフィスづくり、建物づくりがしたい。土地や建物全て合わせて、数千万円、数億以上の投資をするのだから当然です。それなのに、その事業フローには壁があり、分断されていることが見えてきました。

では、その壁を取っ払い、あいだを埋めれば解決するのでしょうか。またそれは具体的にはどのように埋められるのでしょうか。単純に建築設計と不動産の仕事、両方できる会社にお願いすれば良いのでしょうか。

家づくりフローの分断が建て主にもたらすもの

もう少し具体的な問題点を挙げてみます。建物づくりのフローが途中で分断していると、土地探しのスタートラインで、一連の流れが定まりません。自分たちのためだけにデザインされた建物づくりをしたいのに、「どんな土地を探せば良いのか」「誰に相談すれば良いのか」分からない状況に陥ります。

家づくりで比較的そのフローが分かりやすそうに見えるのは、ハウスメーカーです。多数のハウスメーカーのモデルハウスが集まっている住宅展示場に行くと、何かしらのヒントが得られるかも知れない、そんな気がします。

もっと分かりやすいのは、完成している建売住宅を見にいくと、売買契約について教えてもらえます。完成前でも、住み始めるまでのフローを想像しやすい、分譲マンションのモデルルームで住宅ローンについて聞いてみるのも良いでしょう。

しかしそれでは、自分たちだけの、クリエイティブでデザイン志向の建物づくりが実現できないかも知れない…。「多様化する建て主」でお話しした通り、感性やお金の捉え方が多様化した社会で、建売り住宅やマンションのモデルルームへ疑念を抱いた多くの人が、自分たちだけの建物づくりに向かっています。女性の社会進出に伴う「新中間層」の夫婦が、やはり自分たちの所得や感性にあった住宅を手に入れようと思うのは当然であり、だからこそ建築家に依頼する方は増えています。

だからそんな建て主は悩みます。建て主の家づくりのフローが分断しているということは、自分たちの趣向やお金についての考え方、ひいては将来ビジョンやコンセプトが、家づくりに引き継がれないということです。

引き継ぎたいのは、建て主のビジョン

不動産仲介会社から建築家への、バトンパスがうまくいっていないことをお話ししましたが、それは重要事項説明や事務的な資料の引継ぎだけではありません。

従来、建築家が建物づくりに参加するのは、建て主が土地を取得してからか、取得する直前です。それまでは不動産仲介人が建て主をサポートしていますが、その両方のプロが顔も合わさず、業務が進行することはよくあります。

しかし、建築家は、土地の情報や、建て主の間取りの希望だけではなく、趣向やお金の考え方、価値観も知りたいはずです。大半は「言葉で伝えられない」ような感性的なことかも知れませんが、それが土地選びを始める前の段階から話し合われ、伝えられていれば、より良い土地選び、建物づくりにつながるはずです。

こうした課題を改善し、不動産から建築へのフローをつなげることができれば、建て主は自分たちの叶えたいことを明確に認識して家づくりに臨み、建築家はそれを表現できるのではないでしょうか。

創造系不動産のコンセプト「建築と不動産のあいだを追究する」とは、これを実現することです。その方法は、不動産仲介や不動産コンサルタントの立場から、建築家とコラボレーションし、建物づくりをサポートするというシンプルなものです。

つまり「ものづくり」と「取引」のプロがコンビを組むことをルール化することで、建物づくりのフローをつなげるのです。そして建築と不動産のあいだにはまり込んだ、建て主の利益（メリット）を、クリエイティブに発見するのです。

そのためには、スタートからゴールまで、一貫して建て主のビジョンが反映された建物づくりのフローが必要です。次章では、建築と不動産のあいだの世界から見た、これらの課題を解決するルール「建築不動産フロー」を紹介します。

2章

クリエイティブな不動産思考の方法

建築不動産フロー

建築、不動産、お金をトータルで考える私は「建築と不動産のあいだを追究する」ことを使命に創造系不動産を設立しました。そのとき考えたのは、建て主が建物づくりを考え始めてから、使い始めるまで、分断されることのない一貫したフローづくりです。

私たちは土地と建物を手に入れるのに数千万円、またはそれ以上の出費をします。しかしそんな大きな買い物の仕方を学校では全く習いません。いざ、買い物をする段になって初めて専門家に教わります。それも種々さまざまな専門家に。土地の良し悪しや、不動産の価格相場について、住宅ローンや返済計画、建物の築年数や耐震性、各種契約について。自分たち家族の生活や保険のこと。建て主が企業であれば、発注スキームや事業性、収益性、さらにリスクマネジメントについて。これらについて、建て主自身が不動産会社や工務店、ハウスメーカー、ゼネコン、税理士に金融機関等、個別の窓口に相談しにいくわけです。

しかし、調べれば調べるほど分からなくなることがあります。だとしたら、それは業界側の問題です。それぞれ縦割り業界で回答が異なっている、さらに言えば、建築と不動産とお金をトータルで扱うサービスがまだまだ少ないからです。

特に自分たちにあったデザインをつくりたい建て主にとっては、状況は少し複雑です。スタートラインから、自分たちのビジョンに合った建築、不動産、お金の流れが見え、選択肢が分かる、そんな道しるべが必要なのではないでしょうか。

それをここでは「建築不動産フロー」として紹介します。

建物づくりの六つのフェーズ　VFRDCM

V：ビジョン（家族のライフプラン、または企業の経営戦略）
F：ファイナンス（中長期的なお金についてのプランニング）
R：不動産（土地や既存建物についての調査や、不動産売買）
D：設計デザイン（建築設計・デザイン）
C：施工（施工会社による工事）
M：マネジメント（建物使用開始前後～使用、運用）

これが新しい建物づくりの手順です。一つ一つは、既に世の中にあるものばかりのはずです。

　では何が新しいのでしょうか。大切なことは、その「組み合わせ」と「順番」なのです。この建築不動産フローが今までと違う点は、建て主の事業の最初から最後までを、「建築家と不動産コンサル（この章では、不動産の専門家を総称して「不動産コンサル」と呼びます。1章での不動産仲介人、宅建士もここに含まれます）が二人三脚でサポートする点です。

　まず、建て主のライフプランやビジョンは、建築家と不動産コンサルが一緒にスタート段階からサポート（Vフェーズ）します。次に、ファイナンスや土地といった不動産コンサルによるサポート（F・Rフェーズ）が主になりますが、建築家にも手伝ってもらいます。不動産の業務や手続きが終わった後は、いよいよ建築家が前に出て建て主と打合せし（D・Cフェーズ）、ここでは逆に不動産コンサルが影ながらサポートするような体制です。

　このように、それぞれのフェーズ（段階）で常に建築家と不動産コンサルが協力しながらサポートする様子が、その作業量も含め、2本の波で表現できます。建て主の建物づくりのフェーズを横軸に、そして建築家と不動産コンサルのサポートが上と下に書かれています。この図にそれぞれの作業を書き込んでみると、より建築

建築不動産フロー

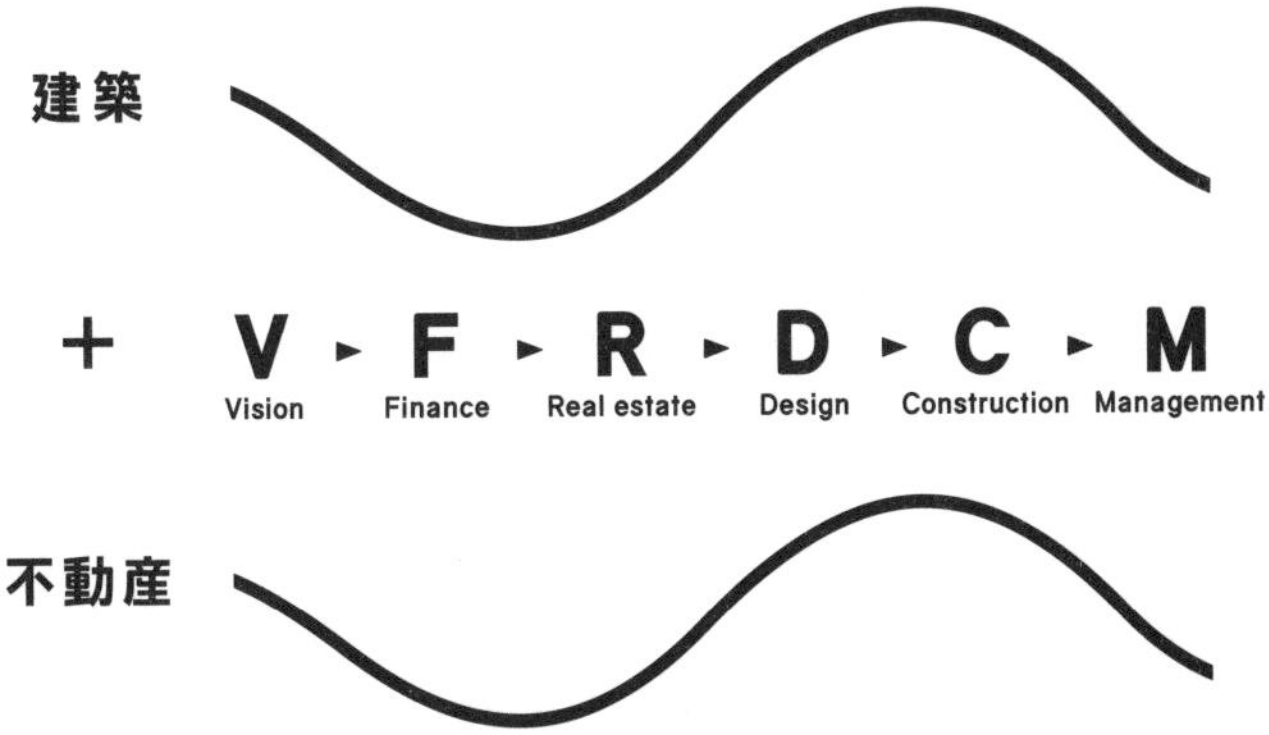

V：ビジョンフェーズ …………… ライフプラン・経営ビジョン

F：ファイナンスフェーズ ……… お金・ファイナンシャルプラン

R：不動産フェーズ ……………… 土地探し・権利調査

D：設計デザインフェーズ …… 建物の設計・図案

C：施工フェーズ ………………… 施工会社による工事

M：マネジメントフェーズ …… 登記・引越し・運用

家と不動産コンサルが協働するイメージがつかめるのではないかと思います。

特徴的なことは、建築家に依頼したい建て主は、その家づくりやビルづくりのサポートを土地探しのスタートから途切れることなく受けられることです。建て主にとって、建物づくり事業全体の見通しが悪くなっていることは、残念ながらよくあることでした。建て主自身は気づかなかったとしても、あるいはそれぞれに優秀な専門家を雇っていたとしても、実際は分断されたフローになっていたのです。

しかし建築家と不動産コンサルが、その壁を越えて、かつそれぞれ独立しながらも、双方の価値観や業務プロセスを理解・尊重し、タッグを組み、建て主の建築事業のＶＦＲＤＣＭを「最初から最後まで」行うことは、十分可能なのです。

そうすることで、建て主の建物づくりのフローはスムーズに流れるだけでなく、１＋１＝３にも４にもなるような相乗効果があります。それが建築と不動産のあいだにある建て主の利益であり、それを追求することが建築不動産フローの役割です。

建築家はコンサルティング能力を備えている

そもそも建築家という仕事は、建物の設計（デザイン）を行うだけでなく、さまざまな建て主の問題解決を行う、「コンサルタント業」としての立場を含みます。またその素養があります。

従来の建築と不動産の分断されたフロー

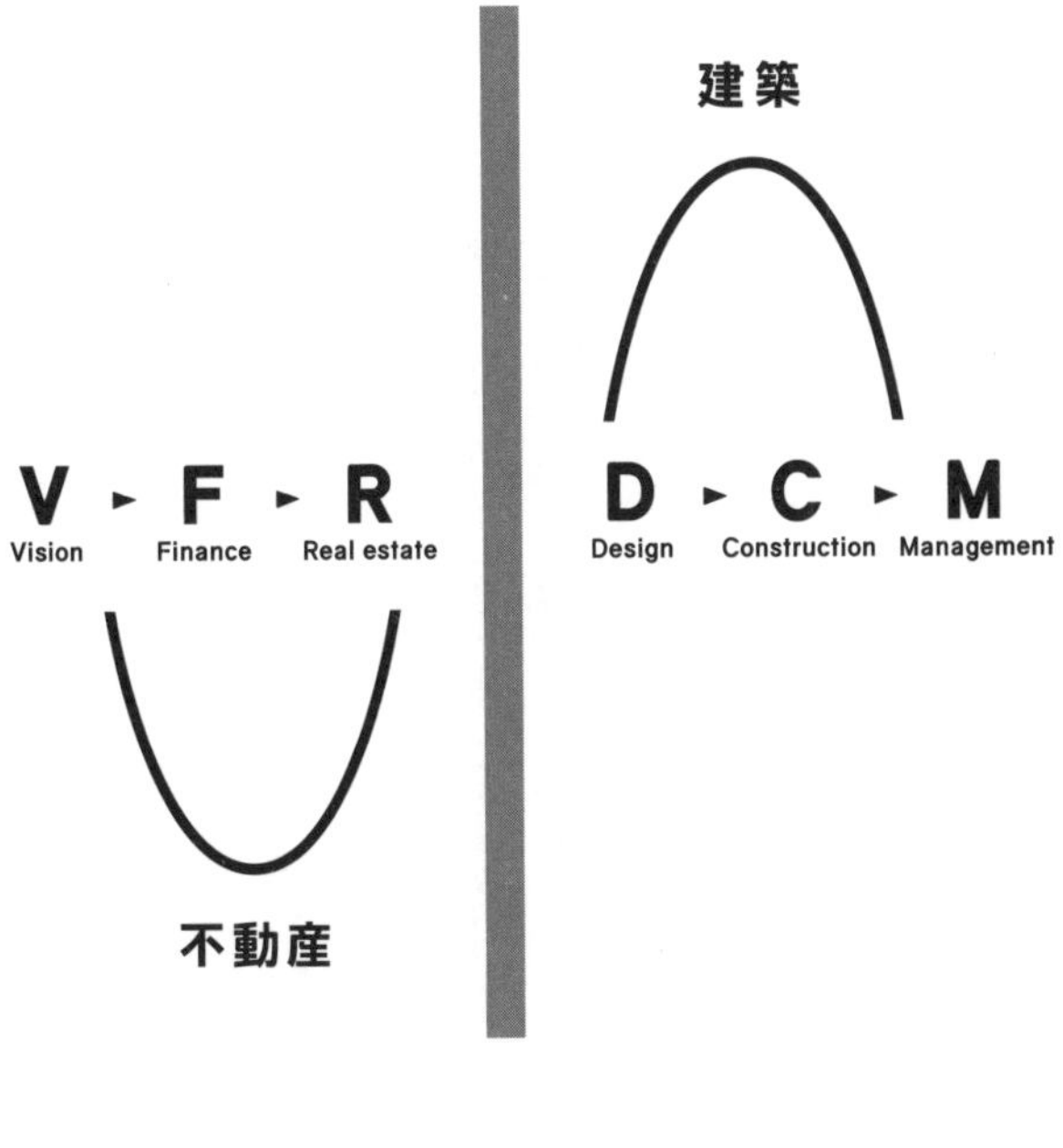

なぜなら、日本の大学教育の中でも建築系学科は、「コンサルティング教育」の基礎を学んでいるからです。何もない所から、社会や生活の課題や問題をとり出し、解決策を考え、提案書や模型・図面にデザイン案としてまとめる。それをプレゼンテーションし、意見を交わす、そうしたトレーニングを受けています。これは他学科と比べてみても珍しい教育です。そして設計の実務でも、さまざまな与条件（建て主からの要望や、機能性、法律、構造、環境条件等）を整理して解決し、設計案に取り込みます。

ですから、建築家は不動産コンサルとコンビを組むことで、従来の守備範囲である設計デザイン(D)・施工監理(C)を中心とした、設計監理業務を主軸にしながらも、建て主のビジョン(V)やファイナンス(F)、さらに不動産(R)についての問題解決を行うコンサルティングも可能になり、力を発揮するはずです。

不動産コンサルのサポート力また不動産仲介や不動産コンサルも、1章で紹介したローンファイナンス(F)や土地の紹介と契約(R)を中心にサポートしつつ、それだけでなく、その前後の打合せに参加してもらう体制をつくります。

不動産仲介も「土地を売って終わり」ではなく、その後も建て主をサポートしたいと思っているはずです。なぜなら、多くの不動産仲介人は、建て主の取引をサポ

建築不動産フロー

建築
・ライフプランや目標を立てる
・建主の今と将来の資産イメージをみる
・土地探しに同行する
・見積もりをとる
・確認申請を出す
・設計案を考える
・完了検査
・施工監理をする
・アフターケア
＋
V ▸ F ▸ R ▸ D ▸ C ▸ M
Vision
Finance
Real estate
Design
Construction
Management
・ライフプランや目標を立てる
・ローンの計画を立てる
・フィナンシャルプランを立てる
・ローンの審査に出す
・売買契約する
・土地探しをする
・VFRのバトンパス
・つなぎローン
・賃金や運用のサポート
・登記や火災保険のサポート
不動産

ートしたことを誇りに思っているからです。そんな優秀な不動産コンサルは実はたくさんいる、それが私の実感です。

本当は土地取引後も手伝いたいが、契約、決済が終わり、設計デザイン段階に入れば、もう役割がないと思っている人が多いと思います。しかし実はDフェーズでも、不動産会社のサポートは必要不可欠です。(詳しくはDフェーズの解説を参照)

さあ、両方の専門家にタッグを組んでもらう準備は整いました。では具体的に、建築家にどのように、ライフプランやファイナンスや不動産をサポートしてもらうのでしょう。また不動産コンサルが必要となるDフェーズとは何でしょうか。

具体的にそれぞれのフェーズを見ていきましょう。

V：ビジョン ～将来の目標を具体的に定める～

さて建て主が建築家と不動産コンサルとともに行うべき建物づくりの最初のフェーズは、V＝ビジョン、つまり「将来の構想」からスタートします。家づくりの相談であれば「家族のライフプラン」を、企業であれば、「自社の具体的な事業プランや経営戦略」を指します。個人であれ、企業であれ、大切なことは、考え方に「時

V Vision

ビジョンフェーズ

個人…家族のライフプラン・目標・思い
法人…事業プラン・経営戦略

間軸」を導入することです。

家族のライフプランとは、生活設計のことです。代表的なファイナンシャルプランの教科書を開いてみると、最初に書かれているのが「ライフプランの立て方」です。ライフプランとは、人それぞれの価値観に基づく生き方や目標のことです。

・生きがいや夢について
・結婚や家族、子育てや教育について
・健康や年齢について
・住宅や不動産について
・仕事やキャリア形成について
・趣味やレジャーについて
・介護や相続について

これらについて、ライフイベント表[※61]を作成しても良いでしょう。建て主にとって大切なことは、自分たちのこれまでとこれからのライフプランと、その個性を、この最初の段階で、建築家と不動産コンサルと共有することです。

お金の話は続くファイナンス(F)フェーズに譲りますが、まずは家づくりの前に、建て主がこれらのことを話し、専門家と一緒に考えてもらう必要があります。この

※61　ライフイベント表
ライフプランニングで用いる、家族の将来のイベントと、家計の収支を表にしたもの。インターネット等で書式が得られ、エクセル等で簡単に作成できる。将来の家族像や、家庭の課題をイメージしやすい。

フェーズはこれまで建物づくりのプロセスにおいて、それほど重要視されていなかった部分だと思います。

その理由は先述の通り、従来はいわゆる一般的な「家庭像」があったからだと思います。企業で言うなら「業務拡大」が建築事業の目的でした。しかしこれからは、建て主の数だけ、多様化された無数のビジョンがあるはずです。

ただし、ビジョン(V)が初めから明確で、スラスラ説明できる家庭や企業はめったにいません。私も会ったことがありません。将来ビジョンを考えるのは苦手、夫婦でそういう話をするのも初めてという方もいらっしゃいます。法人でも企業規模に関わらず、経営ビジョンが明確な場合というのは、むしろ珍しいケースだと思います。時代は刻々と変わるので、企業が時代に対して常に整合した状態であり続けることは、簡単ではないからです。

だからこそ、一緒に考えることが大切です。建て主と建築家と不動産コンサルが、まず土地や建物は脇において、一緒にビジョンをつくっていく作業です。

家づくりのビジョンの具体例

・15年後に二人の子供が大学生になった時を目標に、金銭的にも住宅の広さもゆとりがある暮らしづくりをする。

・夫婦で仕事と家事を分担し、転職をして仕事の時間帯が変わっても受け入れられる家族関係をつくる。
・たくさんの友人を招き、おもてなしできるような暮らしをする。
・ライフワークバランスを重視するため、職住近接し、子育てに時間をかける。
・親子三代で、時代が変わってもつながりを持ち、明るくにぎやかに暮らす。
・親族と良好な関係をつくり、お互い助け合っていく。

建て主が夫婦だけでなく、親や親族が関係するケースもよくあります。その場合も、まずは夫婦で、そして家族間での会議を何度も行います。親族とは、将来どのような関係をつくっていきたいか、お互いの利益は何かを話すフェーズでもあります。

大切なことは、やはり今まで話したことのない、往々にして話しにくいと思ってきたことを、将来の信頼関係を深める意図で、確認していくことです。当然、時には部分的に対立することもあります。しかしそれも必要な行程なのです。

企業のビジョンの具体例

・会社の経営理念やブランドコンセプトの確認
・商品やサービスの今後の課題
・業界市場特性や競合に対する経営戦略

・ビジネスシステムや販路の成長目標

経営陣と建築家と不動産コンサルは、最初にこれらを共有し、将来像を確認していきます。サポート側にとっても慣れない作業に感じるかも知れませんが、実はそれほど難しいことではありませんし、他の専門家に協力してもらうことも可能です。※62

「本当に建てるべきか?」から考える

このVフェーズと、続くFフェーズを通じて、建築家と不動産コンサルにとって最も重要なことは、「不動産取引や建築デザインありきで考えない」ことです。最初にいきなり土地の提案や建築のプレゼンテーションをするのではなく、十分な期間をヒアリングに徹するべきだと思います。本当に建築すべきか、なぜ建築すべきなのかを、クライアント自身があらためて深く掘り下げ、確認するタイミングなのです。建物づくりを始めることが、あるいはそれを自分たち建築家や不動産コンサルが引き受けることが、クライアントにとって良いことかどうかを、一緒に考えるべきです。

これは実務では、言うは易く行うは難しいことだと思います。しかしこの段階をきっちり踏むことで、本当にその方が家を建てたい理由、ビルを建築したい理由を固めることができます。

※62　他の専門家
企業のVフェーズでは、確認すべき内容が専門的になる場合がある。その業界に詳しい人物、経営コンサル、中小企業診断士等に協力を仰ぐことは有効。

建てなくても良いのでは？　賃貸住宅で良いのでは？　自分が設計する建築空間の必要性はどこにあるか？　過度な設備投資なのでは？　勇気を持ってそこに切り込むことが、最大の特徴です。そしてこれを完了した結果、建て主、建築家、不動産コンサルが、同じ方向を目指す最強のチームになります。

　このVフェーズは、個人住宅でも少なくとも数時間以上、企業だと数か月以上かける場合もありますが、そこで得られたことは常に立ち返りながら進める事業のベンチマークになります。

F：ファイナンス ～コストからファイナンスへ～

　続くファイナンス（F）のフェーズでは、文字通り「お金」を扱います。お金といっても、土地価格、[※63]不動産仲介手数料、建築費、[※64]設計監理料、[※65]各種登記費用といった「今かかる費用」だけではありません。それよりも、建て主の「将来のお金や資産」と「金融機関からのローン」を扱います。主に不動産コンサルが建て主をリードしていくフェーズですが、建築家も傍らでサポートすることに意味があります。

　例えば家づくりの場合であれば、以下を前提条件にして考えます。

※63　**不動産仲介手数料**
不動産仲介を依頼した場合の不動産会社の報酬。法律で、「物件価格の３％＋６万円×消費税」が報酬の上限とされている。

※64　**設計監理料**
建築士事務所の報酬。一般的に設計料（設計の報酬）と監理料（施工監理の報酬）に分かれる。

※65　**各種登記費用**
表示登記費用、抵当権設定登記費用、保存登記費用、移転登記費用等。不動産登記とは、権利関係等を公示するために法務局に備える登記簿に記載することを言う。

F Finance

ファイナンスフェーズ

個人…家庭のファイナンスプラン・住宅ローン
法人…会計戦略・事業融資

・建て主の現在の預貯金や資産※66
・仕事や業種と年収
・既に組んでいる借り入れやローン
・夫婦のお金の管理方法※67
・金融投資の知識について

将来どのようなお金の出入りがあるか、イメージすることから入りますので、建て主の仕事内容や、どういうキャリアを歩んでいきたいか、もちろん性格やお金との相性等を把握することが重要です。その延長線上で、「将来的な資産バランス」(不動産資産と現金をどのように保有していくか)について、一緒に考えます。これらにじっくり取り組んでから、住宅ローンの借入額や、建物づくりの予算を考えます。

適切な「予算感」とは

建て主の多くは、最初から予算感を持っています。例えば「予算は土地と建物で6000万円」といった感じで、具体的な金額を伝えられる場合もありますが、このFフェーズをしっかり行うと、その予算感は変わることが多いです。

なぜなら、最初に持っている予算感は、無理ない「住宅ローン返済額」から逆算して借入額を計算していることが多いからです。間違いではないのですが、お話し

※66　**現在の預貯金や資産**　家づくりの場合、自己資金を把握するだけでは不十分なこともある。建て主によっては、全ての資産のうち、どの程度の自己資金を拠出しているのか、またそれは適切なのかを考えることで、続く建築計画の提案が変わってくることもある。

※67　**夫婦のお金の管理方法**　家計管理の方法は、家庭によりさまざまである。夫婦で一元化しているか、それぞれが管理しているか、家計簿による管理、エクセルでの月一度の会計確認等、多くの方法があり、唯一の解答はない。しかしFフェーズは建築費ではなく、建築後の資産形成について考えるためのフェーズでもあるため、ここで一般的な管理方法をアドバイスすることがほとんど。

したように「将来的な資産バランス」や購入後の「貯金」をもとに、借入額を検証する視点もあった方が良いと思います。

また親や親族と一緒に家づくりを計画する場合は、相続や贈与[※68]について、家族間で会議を行う場合が出てきます。Vフェーズと同じく、普段は話さないことや、話しにくいことも含まれます。しかしここをうやむやにして進めると、続く不動産(R)フェーズで前に進めなくなるでしょう。やはり建て主にとって、根本的に重要なポイントですから、不動産コンサルがしっかりサポートすることが重要です。

こうして進めていくFフェーズですが、将来的なものも含めて、お金の出入りを計算することが目的なのではありません。ここで建て主が建築家と不動産コンサルと共有したいことは、その家族ごとのお金についての「価値観」です。

言い方を変えると、ファイナンシャルプランは、お金を貯めるためではなく、意味ある使い方をするために行います。建て主が何を大切にしており、何に価値を見出すか。当然ですが、これは一人ひとり違います。家族間でも異なります。それをたな卸しする機会でもあるのです。

お金の使い方を自由に選択するために

日本では「お金」というと、あまり他人に話さないこと、秘密にしておきたいこ

※68　相続や贈与
親や親族との計画の場合は、不動産コンサルが、相続や贈与についての基礎的アドバイスができる。ただし個別具体的な税額についてのアドバイスを要する場合、この段階から税理士に協力を依頼する場合もある。

と、というイメージがあります。お金の相談をすること自体、慣れていません。

しかし時代は既に変化しており、「お金について学びたい」という意識を持つ人が増えています。建て主にとって、家づくりは資産形成の重要な局面ですから、お金や資産についてのコンサルティングを熱心に希望される方も多いのです。

「日本はお金の教育が少ない」と言いました。お金を考える理由や目的は何でしょうか？　節税に詳しいことでしょうか。投資に長けることでしょうか。貯蓄がうまいとか、景気が読めるといったことでしょうか。

それらも大事ですが、本当の理由は、私たちは漠然としたお金の不安に突き動かされて行動していることが多いことを自覚し、それに振り回されず、自由にお金の使い方を選択するためです。

・月々の家計はどのくらいが適正なのか？
・教育資金はどの程度必要なのか？
・老後の資金は色んな意見があるが、いくらあれば良いのか？
・年金がもらえなくなるって本当なのか？
・お金はできるだけ借りない方が良いのではないか？
・外貨をいくらか持っていた方が良いと聞いたのだが本当か？

・投資の勉強はした方が良いのか？
・生命保険はどの程度はいるべきか？

例を挙げればきりがありませんが、このようなお金の不安は誰でも持っています。その不安と家づくりが無関係なはずがないのです。それらを考えないまま、不安を不安のままにせず、これから始まる不動産と建築の事業で、自由に将来のために物事を選択することが、お金のことを学ぶ目的です。

住宅ローンについての最低限

住宅ローンについても考え方のポイントを整理していきます。

・借入額…将来のライフプランとファイナンシャルプランから逆算する。
・借入期間[※69]…金利が低ければ、できるだけ長く借りるという考え方もある。
・金融機関やサービス…都市銀行、地方銀行、信用金庫、ネットバンクの特徴を知っておく。
・変動金利と固定金利[※70]…どちらが得をするかは究極的に分からないが、所有する不動産資産と将来的な預貯金のバランス次第ではっきりする場合もある。
・繰り上げ返済[※71]…繰り上げ返済すべきかどうかは、金利と資産バランス次第。とにかく早く返済するという考え方が正しいわけではない。

※69　借入期間
各金融機関の住宅ローン商品を見ると、最長35年が多い。借入者の年齢や、物件の担保価値により、期間が決まる場合もある。

※70　変動金利と固定金利
金融機関から融資を受け、返済する金額には、金利（利息）が含まれる。その金利が、一定期間変わらないものを「固定金利」、上下する可能性のあるものを「変動金利」と言い、契約者は選択可能。※3で紹介したフラット35は、全期間固定金利のみ。

※71　繰り上げ返済
ローンを早く完済するか、月々の返済額を少額にするために、契約した額よりも多く返済すること。繰り上げ返済した分の金利がかからないので、金額的なメリットもある。ただし繰り上げ返済をどのように行うべきかについては、契約者個別の状況により、専門家でも意見が分かれる。

・団体信用生命保険[※72]…不動産購入は、生命保険と関係することを押さえ、既に入っている生命保険を見直すことも視野に入れる。

・元利均等返済と元金均等返済[※73]…ローンの返済方法の違い。実際にローンを借りる時に選択できる場合がある。これも意味程度は知っておく。

そして「新中間層」なら、夫婦で住宅ローン（ペアローン）を借りることも珍しくありません。二人で借りるからといって単純に借入を大きくすべきではありませんが、住宅ローン控除[※74]を受けられる可能性があることは知っておきたい所です。

企業にとってのファイナンス・フェーズ

また企業が建て主の場合、ビジョン(V)フェーズとファイナンス(F)フェーズは同時に進むことが多いと思います。Vフェーズで整理した経営の特徴を、売上高、利益、負債、資産、キャッシュフローといった、数字で把握するフェーズです。

特に中小企業であれば、不動産ディベロッパーでもない限り、建物を何度も何度も建てた経験はありませんから、建築不動産フローが役に立つのです。

さらに事業用不動産の場合、建物が完成した後のマネジメント(M)フェーズを想定した支出（建物管理費や維持修繕費、固定資産税等）と借入返済や減価償却費[※75]を見るために、「不動産収支計算書[※76]（不動産キャッシュフロー）」を作成することもあ

※72　団体信用生命保険
通称「団信」と呼ばれる。高額な住宅ローンの返済中、契約者が万が一死亡、高度障害になった場合、家族に大きな負担がかかることを避けるため、本人に代わり保険会社がローンを完済する制度。

※73　元利均等返済、元金均等返済
ローンの返済方法の違い。元利均等は金利が変わらなかったとすると毎月一定額を返済する方法であるが、その内訳の当初は利息が多い。元金均等返済は、返済額の元金部分は一定だが、やはり当初は利息が多いため返済額は当初大きく、しだいに低減していく。一般論で言うと元金均等返済の方が利息の面で有利と言われるが、金利変動や繰り上げ返済にもよるので、自分たちに合った方式を選択したい。

※74　住宅ローン控除
「住宅借入金等特別控除」の略。住宅を、住宅ローンを利用し、購入または建築した場合、給与収入やローン残金に応じて、税金が控除される制度。適用には諸条件がある。

ります。また個人の住宅ローンと同じく、事業融資の可否が、建物づくりの実現性を決定付けることになりますから、そうした収支計算書をもとに、粘り強く金融機関との折衝を繰り返すこともあります。

価値観を共有するフェーズ

こうした自分たちのお金についての価値観や背景を、いざ設計がスタートする時になって初めて、建築家に伝えることが難しいことは推測できます。なぜならFフェーズでは、お金の話だけではなく、その背景にある、言葉では伝えにくい建て主の考え方や価値観、そしてそれらの変化の芽生えを、三者が時間をかけて共有しているからです。時間をかけて共有されたこの価値観をつくり手である建築家が知っているかいないかは、その後のものづくりに具体的な変化を与えることになります。

R：リアルエステート～「土地」と「敷地」を見よう～

土地選びに建築的視点が加わると

次に不動産（R：Real estate の頭文字）のフェーズです。いよいよ土地探しに進みます。ここでも引き続き、建築と不動産の両側から建て主をサポートします。特

※75 減価償却費
長期間に渡って利用する建物等の取得に要した支出について、税法上、建築物・設備等それぞれに定められた一定の期間に渡って費用分担する手続きにより算出される費用。実際の収支と、税務上の損益に差異が生じることになるが、特に収益不動産の事業計画では検証が必要。

※76 不動産収支計算書
事業用建築物の、賃料等の収入と、経費や税等の支出を、表にしたもの。その計画の収益性を確認するために作成する。建築計画を検討する上での、基礎的資料の一つ。

に建築家はこのRフェーズで、建て主にとって意味ある働きをします。

Rフェーズは、これまでは不動産会社が独占してきたフェーズです。一般的には、建築家がタッチして来なかった部分ですから、その内容には新鮮な驚きもあります。

例として、住宅用の土地を探すケースを考えてみましょう。建て主は不動産仲介人と土地を見学し、気に入った土地を選び、ローン審査を通過し、売買契約を締結します。このフェーズで建築家が建て主、不動産コンサルと伴走するのです。とてもシンプルなルールですが、そうすることで、建て主は土地探しに、「不動産的視点」と「建築的視点」の両方の視点を同時に、導入することができます。

不動産コンサルは、その「土地」の資産性や権利関係等の情報を、建て主に提供します。これは「不動産的視点」です。地域情報に始まり、価格相場、土地境界、接道義務[※77]、インフラ等の情報は、土地を取得する上で極めて重要な判断材料です。

一方、建築家は、その「敷地[※78]」に計画される建物のイメージや空間の可能性を指摘することができます。これは「建築的視点」です。つまり、今までは交わりにくかった「取引」的スキルと「ものづくり」的スキルを現地で同時に得ることができるのです。

建て主が最終的に欲しいのは、土地そのものではなく、そこに建つ建物であり、そこでの暮らしや達成したい目標（V＝ビジョン）です。ですから、土地の価格や

※77　接道義務
建築基準法43条の規定により、都市計画区域と準年計画区域内において、建築物の敷地が道路に2m以上接していなければならないとする、建築のための基礎的義務。災害時の避難経路を確保する等の目的がある。

※78　敷地
土地のことであるが、建築基準法施行令で「建築物のある一団の土地」と定義されており、設計監理業務では、慣習的に土地のことを「敷地」と呼ぶことが多い。

R Real estate

不動産フェーズ

土地探し・不動産調査・不動産コンサルティング

場所や資産性といった情報に加えて、不動産コンサルも、建て主も見落とすかも知れない建築的視点が見出されれば、より納得のいく判断がしやすくなります。

土地探しにおける建築的視点とは

その代表的な建築的視点は、次のようなものです。

・建てられる間取りのバリエーション
・土地表面には表れない、高さ方向の情報[※79]
・周辺建物との位置関係からの、視線の抜けや眺望
・計画される建物を想定した風通しや採光
・建物計画段階で思わぬ費用[※80]がかからないかの確認

それは不動産広告には定量的に表現できない感性的な視点が含まれます。不動産取引の現場では、これらは十分に議論されないまま購入されていくことが多いです。

建築家の立場に立ってみると、通常は、決まった敷地に設計を依頼されることで仕事が始まることが多いのではないでしょうか。そこで初めて建て主の希望や法律の条件を整理しますが、希望の床面積はとれても、建て主が期待したほどの「空間の大きさ」や「豊かさ」が得られなかった、という経験はないでしょうか。それに対して、建築不動産フローでは、建築家の技術力や想像力は、敷地が決まる前の不

※79　高さ方向の情報
建物の高さだけでなく、部屋の天井の高さや、屋根の勾配、階段、立体的な室内空間の構成等。一般的には三次元的な情報処理について、建築士は教育を受け能力を有している。

※80　思わぬ費用
建築的な面、不動産的な面に関わらず、土地には外見では分からない費用がかかる場合がある。不動産的には、土地への給排水管やガス管等のインフラに関わる費用等があるが、本文の建築的な視点からは、道路幅や接道幅が狭小の場合の建築費用増加や、地盤改良費等が代表的である。

動産(R)フェーズから発揮されるので、建て主は土地の段階から、クリエイティブな選択が可能になるのです。

土地には錯覚が含まれる

熱心な建て主は、購入を考えて絞り込んだ土地を、決断前に建築家に見てもらう、そんな話もよく耳にします。これは賢明だと思います。

しかしできれば、より多くの土地を一緒に見て欲しい。もしかしたら見逃していたかも知れない価値があるからです。不動産コンサルが効率良く候補の土地を案内すれば、建築家と一緒にたくさんの土地を見て回ることができます。

何より建て主にとっては、数千万円以上の買い物なのですから、より多様な情報を得て、土地購入の判断をすべきなのです。不動産コンサルから提供される情報をベースに、建築的視点を土地探しから導入することには大きな意味があるのです。

なぜそこまで言うかというと、土地とは、その見え方に錯覚を含むものだからです。具体的には3章で紹介する六つのケーススタディで触れますが、価格が高い土地が良い土地とは限りません。またきれいな整形の土地が、明るく光が刺し込む土地が、建て主の想いを叶えるかどうかは分からないのです。特に、自分たちだけのデザインを手に入れたい建て主にとっては。

ですから、Rフェーズで建築家と不動産コンサルがコンビを組んで土地探しをサポートすることは、建築不動産フローの最重要ポイントになります。

しかしこれを実現するには、建築家と不動産コンサル双方が、建て主にとってのその意義を、理解していることが必要です。

だからこそ、建て主は積極的に協力をお願いしましょう。いま現在も、建築不動産フローを理解し、協力してくれる建築家や不動産コンサルは多いと思います。なぜなら建て主の感性が多様化しており、求める建物デザインの幅が広くなっていることを、普通の建売住宅には満足しないことを、彼らは敏感に感じているからです。

また企業の建物づくりの場合も、土地を検証するRフェーズには、頼りにしている不動産会社と一緒に、建築家にも意見を求めるべきです。土地価格や資産性、希望の建物面積や駐車場面積が取れるか、または生産性や効率性といった、比較的数字にしやすい要素が重要になる一方、建築環境が全体に及ぼすインパクトや、意外な活用方法といったアイデアが、企業価値に影響を与えることも多いのです。

既に土地がある場合

ちなみに最初から土地を所有している建物づくりの場合も、V→F→Rのフローは変わりません。例えば建て主が、親の土地に住宅を建てる場合等は、その土地

（R）が不動産的にどのような価値があるか、どういう注意が必要か、まず調査検証すべきでしょう。そしてその前に、ビジョン（V）やファイナンス（F）から建物づくりを始めることをお勧めします。

具体例を挙げると、親子間でどのように不動産の権利[※81]を分担すべきか、将来を見据えた資金計画、一部土地の売却の可能性、賃貸併用の有効性等、考えることはたくさんあります。土地があったとしても、やはりV→F→Rが十分に練られているかで、続くデザイン（D）フェーズは変わるでしょう。

※81　権利の分担
夫婦間、親子間、親族間で不動産を分割・共有して所有することは可能。また土地と建物の所有権を、別人が有することも可能。土地、建物は現物資産のため、建築計画の際には、まずどのような目的で誰が所有権者となるかを熟慮すべき場合がある。

D：デザイン〜VFRをデザインに昇華する〜

いよいよ、具体的な建物づくりの、デザイン（D）フェーズに入ります。既に建て主は、一大決心のもと土地の購入を終えていることでしょう。または、先祖代々の土地について、親や親戚と、権利やお金のことを話し終え、銀行から融資の内定を受け、ホッと一安心しているころかも知れません。

企業であれば、社長はじめ経営陣が、事業計画を何度も見なおし、土地取得にゴーサインを出した上で、いよいよ各部署と調整に入ったタイミングかも知れません。

従来の流れであれば、建築家の業務はここから始まります。まずは建て主から建築家へ、土地の測量図を提供し、間取りや面積についての希望を伝え始めるのが一般的だと思います。

しかし建築不動産フローでは、既に数か月にわたって建て主の背景を建築家に共有してもらっています。言葉にできない感性やお金、価値観を、土地を選んだ経緯も踏まえて把握してもらっています。早速、設計監理委託契約[※82]を締結し、より詳細な間取りや希望の打合せから、建て主のDフェーズはキックオフされます。

建築家によっては、より詳細なリサーチと分析を行い、建て主のビジョンにアプローチしてくるかも知れません。またはシンプルで伸びやかな平面計画が現れるかも知れません。それとも、土地探しの時には思いもよらなかった、斬新な形態にバージョンアップした案が、ユニークなスケッチや模型で提示されるかも知れません。

建て主にとっては、建物づくりで一番楽しく、エキサイティングなフェーズだと思います。しかし、残念ながら本書はあくまで不動産デザインコンサルティングの本ですから、ここではオーソドックスな設計業務の流れだけ紹介します。

・基本設計…平面図（間取り）、断面図、立面図等、建物の基本方針を決める。
・概算見積…規模によっては、この段階で建設コストを押さえる。

※82　設計監理委託契約
建て主と一級建築士事務所の間で締結される、設計監理契約。建築士法24条の8で規定されており、双方の責務や、作成する設計図書の種類、報酬の額や実施の期間等が記載されている。

D Design

設計デザインフェーズ

建築家による建物の設計・デザイン

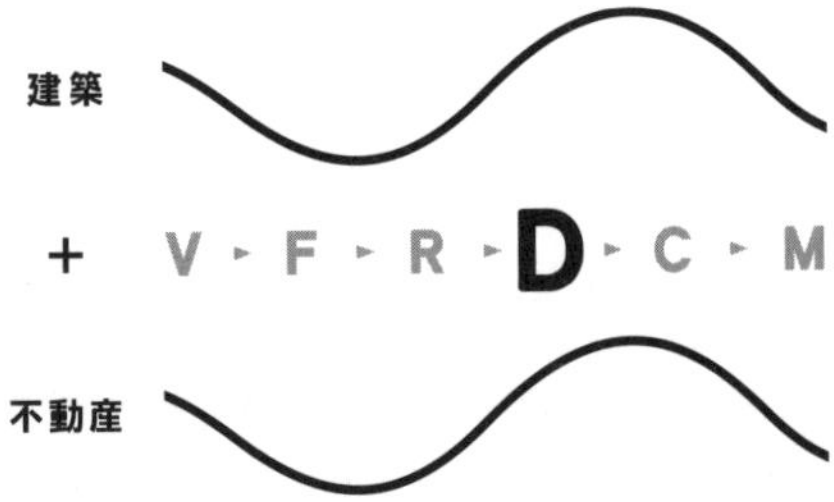

・実施設計…より詳細の各種図面をたくさん作成する。

・建築確認申請[※83]…行政庁や審査機関に、確認申請を提出する。

・施工会社の見積…施工会社に見積を依頼し、最終的な予算に合うよう調整する。

デザインフェーズでの不動産コンサルの役割

この設計プロセスで、不動産コンサルの役割は何でしょうか。不動産(R)フェーズで建築家が伴走したように、デザイン(D)フェーズでは、不動産コンサルが伴走します。具体的には、ここまで積み上げてきた、ビジョン(V)、ファイナンス(F)、土地(R)のポイントが、計画案や設計スケジュールにきちんと盛り込まれているかどうか、不動産視点から確認するのです。

〈ビジョン(V)フェーズのポイント例〉

・家族の成長や子供の独立、介護といった、ライフプランの変化の可能性

・転職や起業してからの働き方の変化の可能性

・建て主が企業の場合は、経営理念や経営戦略

・事業の外部環境の将来的な変化の対応性

〈ファイナンス(F)フェーズのポイント例〉

・銀行からの分割[※84]融資やつなぎ融資の申込みのタイミング

※83　**建築確認申請**
建築基準法第6条に基づく申請行為。建築前に、適法性を審査機関に確認するための申請。建て主は、確認済証を受領しないと、建築に着手することができない。建築士事務所が建て主から委任を受けて、申請することが一般的。

※84　**分割融資・つなぎ融資**
ともに土地金額と建物金額の支払いが複数回に分かれる場合に対応する融資方法。金融機関によって異なる。分割融資（分割実行）は、ローンを単純に分割して融資する方法。つなぎ融資はそれとは異なり、建物完成時までに必要な支払を賄うための準備される別の融資のこと。

・親から資金援助を受ける場合[※85]、そのタイミングの再確認
・例えば十年後の計画預貯金額と、リフォーム規模のアドバイス
・賃貸部分がある場合は、その貸しやすさや事業性についてのアドバイス

〈不動産(R)フェーズのポイント例〉
・その土地の不動産的な特性
・不動産の重要事項説明の引継ぎ
・土地の測量図とその種類の確認
・境界線付近の塀等を含む権利関係の引継ぎ[※86]

土地測量図について補足ですが、例えば建て主から建築家に提供される測量図には、不動産的に分類すると以下の種類があります。

・確定測量図…隣接地や道路の境界が、隣接所有者の立ち合いを経て確定されたもの。
・地積測量図…法務局に備え付けられている測量図だが確定測量図とは限らない。
・現況測量図…現地を測量したものだが、境界が合意されているとは限らない。

これらは不動産業では、売買取引の根幹に関わる基礎的な知識ですが、建築設計の実務ではそれほど深く扱いません。しかし、例えば手もとの測量図に「現況測量

※85　資金援助のタイミング
例えば親から子へ110万円以上の贈与を受けた場合、その額に応じた贈与税がかかるが、住宅取得資金の場合は、贈与税の非課税枠がある。ただし贈与を受けた年の翌年3月15日までに支払い居住開始する等の期間の制限がある。つまり贈与を受けるタイミングが建築計画に連動するので、十分注意が必要。

※86　境界線付近の権利関係
原則的には、境界線で区切られた土地内の建物や樹木は、その土地の所有者が所有するが、特に境界線付近においては、共有や越境があるので、双方の所有者に確認する等の注意を要する。建築計画に影響を及ぼすこともある。

図」と書かれている場合、これを敷地図として設計を進めて良いかは分かりません。その測量図がどういうものかは、要チェック項目の一つです。重要事項説明書と同じく、土地測量図も、建築不動産フローによって、不動産コンサルから建築家へ、バトンパスを受けて欲しいものの一つなのです。

バトンパスによって引き継がれるのは、建て主にとっての「価値」です。建築と不動産のあいだにある、制度的・法的・商慣習的な壁を超えた、建て主にとって嬉しいフローになっているでしょうか。

さて、まだまだ設計は始まったばかりです。バトンを受け取った建築家は、建て主のビジョンを実現するため、本格的に加速していきます。V・F・Rのエッセンスを、建築図面、空間、形態、つまりデザインに昇華させながら進んでいきます。

C：コンストラクション～アイデアを現場で形に～

建て主と建築家は、試行錯誤を繰り返し、設計図面を完成させます。程なく、複数の会社に見積もりを依頼し、コストを比較します。発注者となる建て主としては「コスト・技術力・経営状況」のバランスを測り、施工会社を決定したい所です。

C Construction

施工フェーズ

施工会社による施工

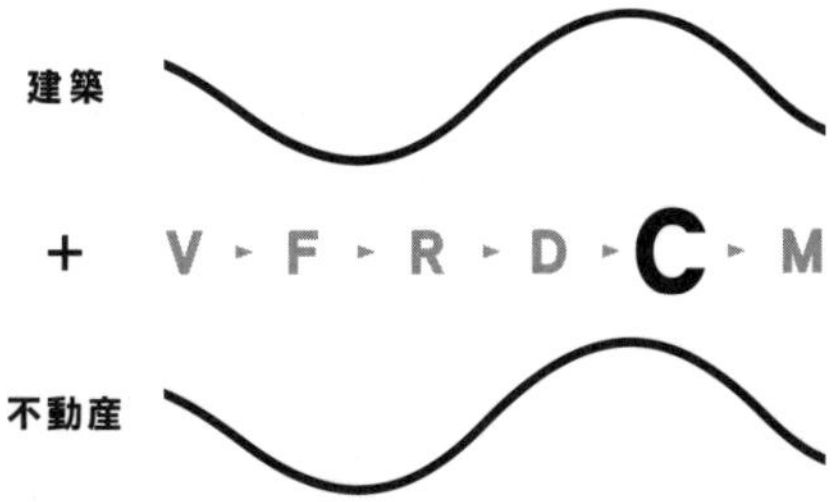

そして選ばれた施工会社と建て主は、工事請負契約[※87]を結びます。施工（C：Construction の頭文字）のフェーズの始まりです。この際、建て主は建築家にその「監理[※88]」を依頼します。ここからは、建築家と施工会社の両方に業務を依頼するイメージです。建て主は「施主」と呼ばれることが多くなります。順調に工事が進めば、以下のような流れで、これまでの打合せが形になっていきます。

着工→基礎工事→躯体構造工事→屋根、外壁工事→内装工事、設備工事

建築家や担当者はその間、現地での打合せや、多数の施工図[※89]のチェックを通して、設計図どおりの工事がなされていることを確認する「監理業務」に当たります。

建て主は定例会[※90]に出席したり、工事現場を訪問し、進捗をその目で確認します。また建築家を通じ、施工会社に希望や思いを伝え、現地で決定する部分の意思決定を行います。例えば最終的な仕上げや素材の決定等、建て主と建築家が積み上げたアイデアの山が、現場で形になっていきます。

施工フェーズでの不動産コンサルの役割

さて、一般的には不動産コンサルに明確な業務はないように思われがちですが、建築不動産フローのCフェーズでは次のことをサポートします。

・ローンに関係する支払の分割や自己拠出資金の確認

※87 **工事請負契約**
建物の発注者と施工会社の間で締結される契約書。双方の責務が記載されており、請負代金及び支払方法、工事の着手及び完成の時期、建物仕様（図面）、約款《やっかん》等により構成される。

※88 **監理**
建築士法で定められている建築士の独占業務である「工事監理（工事を設計図書と照合・確認すること）」を含み、設計監理業務委託契約で定められたより幅広い業務を指す。詳しくは本文参照。

※89 **施工図**
施工会社や下請けメーカーが作成する、実際に作るための図面。設計図よりも、さらに詳細な、施工するための部分図面。木造住宅規模では、作成される枚数が少ない場合もある。

※90 **定例会**
工事中定期的に、建て主、設計者、施工者等が集まり、工事状況の確認等を行う。期間、内容について特に決まったルールはない。

・住宅であれば、ローンの分割融資やつなぎ融資の実行のサポート
・賃貸部分がある場合は、具体的な仕様のアドバイス
・不動産取得税の還付や延長についてのアドバイス
代表的に最初の「支払の分割」について説明します。家づくりの場合、工務店に施工を依頼する場合、大きな支払いは一般的に3回程度に分かれるため、大きな支払いは以下のようになります。
(1)土地購入時に土地代金↓売主へ
(2)建物着工時↓工務店へ
(3)建物上棟時↓工務店へ
(4)建物竣工時↓工務店へ
(2)~(4)の支払い割合は、建て主と工務店の契約によって決まっています。建て主は、金融機関からの融資もそれに合わせて受ける手続きを行います。分割融資かつなぎ融資か、金融機関によってもサービスは異なるので、金融機関担当者とよく打ち合わせる必要があります。建て主は、突き詰めていくとややこしい銀行との契約等を、Cフェーズで繰り返し行います。新中間層の夫婦が、それぞれに住宅ローンを借りるケースでは、さらに複雑になります。

ここで、これまでの流れをよく理解している不動産コンサルがサポートできればベストでしょう。積極的に不動産コンサルにも参加してもらい、ローンの手続きもきっちりサポートしてもらうことが重要です。それによって建て主はローンの検討や手続きの負担から解放され、建築家との家づくりに集中できます。

これからの不動産業は「土地を売ったら終わり」ではない

残念ながら、不動産会社はよく「土地を売ったら終わり」と揶揄されました。確かに、不動産の仕事は、制度的・法的・契約的にそうなっています。

しかし本当は、土地を売った後、また設計が終わった後の工事施工のフェーズにも積極的に参加し、建て主をサポートすることができるのです。なぜならこれも「建築と不動産のあいだ」に建て主の有益性が隠れているからです。建て主の有益性が「隠れている」ということは、不動産コンサルにとってもそこで貢献できることがある、つまりビジネスチャンスがある、ということです。

また、こうしたワンストップサービス（特にCフェーズでの工事費の支払いと融資についての説明や安心感）を得たい建て主の中には、そのサービスが得られないために、建築家に依頼することを断念したケースも多いのではないかと思います。

M Management

マネジメントフェーズ

個人…登記～引越し
法人…使用・運用・賃貸等

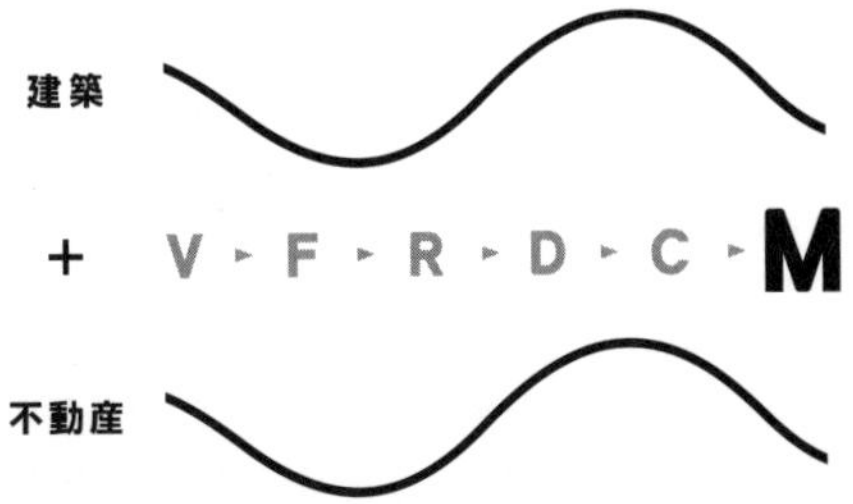

M：マネジメント～居住・使用・運用の始まり～

工事も山場を迎え、間もなく完了検査[※91]です。竣工は目前。

マネジメント(M)フェーズは、建築不動産フローの最後のフェーズ。建築完成後、建て主が行わなければならない作業をサポートします。

住宅の場合は、住み始める「居住」、オフィス建築なら、社員が業務を始める「使用」、そして賃貸収益事業なら賃貸が始まり賃料収入を得る「運用」。これらを総称して、「マネジメント」と呼びます。

建築家が検査機関から完了検査済証[※92]を受け取り、施工会社が引き渡しの段取りをしている背後で、建て主と不動産コンサルは次の作業を行います。

・表示登記のための土地家屋調査士の選任。表示登記[※93]
・抵当権、追加担保設定登記のための司法書士の選任。設定登記[※94]
・火災保険[※95]、地震保険の加入
・住居表示（住所）の取得
・最終ローン実行の手続き（表示登記が完了後、担保設定とほぼ同時）

※91　完了検査
建築基準法第7条で定められた、建て主が受けなければならない、行政や検査機関による建物検査。建てる前の「確認申請」通りに建物が完成しているかを、書類と現地で確認する。建築士事務所が建て主から委任を受けて、申請することが一般的。

※92　完了検査済証
指定確認審査機関が発行する、完了検査が終了したことを証する適合証。

※93　表示登記
不動産登記簿の冒頭の「表題部」になされる登記。土地については「所在、地番。地目、地積」、建物については「所在、家屋番号、種類、構造、床面積」が表示される。

※94　抵当権設定登記
不動産登記簿のうち抵当権の設定を記載した登記。一般的には債務者と金融機関の契約による「日付、原因、債権額、利息、損害金、債務者、債権者」等が記載される。

〈住宅の場合〉

・引越し前後の各種手続きの確認

・不動産取得税[※96]の免除、または還付についてのアドバイス

・確定申告や住宅ローン控除等の手続

〈オフィス建築等の場合〉

・各種インフラ契約

・事業移転と業務システム移管のアドバイス

〈賃貸収益事業の場合〉

・リーシング[※97]戦略策定と実行

・賃貸管理＝ＰＭ：プロパティマネジメント[※98]の選任

・ビル管理＝ＢＭ：ビルメンテナンス[※99]の選任

ポイントは三者の情報共有

一見すると、登記等の権利関係手続きや、金融機関のローン関係手続き等、事務的な作業がほとんどです。また建築家、設計事務所の業務と関連しない内容が多いように見えます。

しかしこれらは、建物完成後のＭフェーズで、建て主が最初にしなければならな

※95　火災保険、地震保険
保険会社からの各種商品が選択できる。「火災保険」は以前からの呼称であるが、今は「不動産所有のための総合保険」としての意味合いが強い。保険内容、期間、保険料、代理店サービスをしっかり比較し選択すべき。詳しくは本文参照。

※96　不動産取得税
土地や家屋を取得した時にかかる税金。個人、法人に関わらず対象となる。税額は、実勢売買価格とは異なる「評価額」に対して、不動産の種類に応じて一定の割合を乗じて求められる。ただし一例として住宅等の場合は、土地購入と建築に、それぞれ不動産取得税がかかるが、ともに一定の割合で減免措置がある。

※97　リーシング
賃貸募集の一連の業務（テナント等の募集～賃貸借契約等）を指す。建物規模や種類によっては、事業企画、設計段階の、事業に相応しいテナント等を考案するマーケティング業務を含むこともある。

い重要な手続きです。建て主と建築家と不動産コンサルが、しっかり情報共有をしておくべきでしょう。なぜなら、これらの手続きをチームでしっかりできてこそ、建て主は事業主として、建物づくりをより良く完了することができるからです。

プロジェクトのとりまとめ役は誰か

プロジェクトの規模により、色んな専門家に依頼することが出てきますが、私はこれらを建築家か不動産コンサルのどちらかが取りまとめるのがベストだと思います。建築不動産フローの一連の流れ、建物づくりの背景をよく知る者がアドバイスする方が、建て主のメリットになるからです。

例えば、表示登記は土地家屋調査士が行いますが、特に建て主側で行わない場合、施工会社が補助することが多いと思います。それでも構いませんが、表示登記は本来的には建て主が費用負担する、本人の権利登記のための作業ですから、建築家か不動産コンサルと連携に慣れていて信頼できる土地家屋調査士を紹介してもらう方が、内容的にも費用的にも客観性があり、建て主も安心だと思います。

火災保険、地震保険も、思ったほど簡単ではありません。火災保険という呼称はかつての名残で、「不動産所有者のための総合保険」の意味合いが強いです。表示登記と同様に、銀行や施工会社から言われるままに加入するのではなく、また保険料

※98　プロパティマネジメント（PM）
不動産オーナーの賃貸事業のうち、「賃借人の対応」「賃料等の回収」「建物の維持管理」「賃借人やテナントの募集」を代理する業務。

※99　ビルメンテナンス（BM）
給排水設備、電気設備、エレベーター機械設備等の定期点検、修理、また建物清掃業務等を指す。アパート等の小規模建築では、PM業務に含まれることが多い。

の多寡で決めるのではなく、建築不動産フローのビジョン(V)、ファイナンス(F)を振り返り、自分たちのライフプランから、保険の意味合い・保険内容や期間・依頼する代理店の技術力等を十分に考慮に入れることをお勧めします。

必要のない保険料まで支払ったり、必要な内容まで削ったりすることを避け、いざ保険請求する事故が起きた場合に適正な補償を受けられる安心が必要です。

建築不動産フローを通して、建て主に得て欲しいのは、常にそうした「自律的な選択の自由」なのです。

あなたの不動産思考度を測る ～あなたの壁は何か～

新しい建物づくりのフロー、【ＶＦＲＤＣＭ】は以上です。建築不動産フローは、建て主が建築家と不動産コンサルをパートナーとして、より良い建物づくりの体制を整えることでした。しかし従来これが実現し辛かった理由は、さまざまな「建築と不動産のあいだの壁」があったからです。

その壁を破るためには、まず「どこに縦割りの壁があるのか」が見えている必要があります。そしてこれが一番難しい。なぜなら、その「壁」は、究極的には建築家、不動産コンサル、建て主ら「当事者自身の内面」に築かれていて、分かり難くなっているからだと思います。

そこで最後に、あなたの壁がどの辺りにあるか、確認してみませんか。次の項目に、「そう思う」ものがあれば、チェックしてください。

□ビジョン(V)の、目標設定やライフプランは、建て主が自分で行えば良いことで、建築家に依頼する必要はないのではないか。
□ファイナンス(F)は、専門家に任せた方が良いのではないか。
□専門家にお金(F)のことを話すのは恥ずかしいと思っている。
□どんな土地でも工夫するのが建築家だから、土地(R)は、不動産仲介に任せておいた方が分かりやすいのではないか。
□土地(R)があれば、建物が建つだろう。
□土地(R)を決めてからでないと、建築家に依頼するのは失礼なのではないか。
□不動産会社の仕事は土地(R)を取得したら完了なので、設計(D)には関係ないのではないか。
□そもそも不動産仲介(R)と建築家(D)は、タイプが違うので同席しない方が良いのではないか。

もしいずれかにチェックが入った場合は、その周辺に、あなたの「壁」がありそうです。もちろんそれは単純な間違いではありませんが、もしかしたら既成概念や既存のルールに囚われるあまり、せっかくの建物づくりにベストの状態で取り組めないていないかも知れない。そこでは、建て主の利益が第一に置かれていないのかも知れないのです。

一方、全くチェックが入らなかった方は、不動産思考術のセンスをつかんでいます。その場合は、各業界の「壁」がどの辺りにあるかを考えてみてください。

確かに家づくりに、不動産コンサルのサポートは必要ないかも知れません。なくても素晴らしい建築はできると思いますし、これまでもできてきたと思います。または土地探しに、建築家が参加する必要はないのかも知れません。不動産業界のコンサルタントの中には、建築やプランニングまでできる優秀な人はたくさんいますし、デザインは土地を買った後にゆっくり考えてもらえば良いかも知れません。

しかし忘れてはいけないのは、そうすることで建て主のフローが分断し、建て主自身が困ってしまっていることです。また、大きな出費のわりに、利益をつかみ損ねていることです。しかも、困っていること、利益を損ねていること自体に気づいていないことです。

だからこそ私たちは、建築不動産フローは、建て主が抱えやすい具体的な課題の解決に取り組んだ、最高の建物づくりの方法だと思っています。

では、建て主が抱える具体的な課題とは何か、実際の建物づくりでそれがどのように解決されているのでしょうか。3章では、実際に創造系不動産が手掛けた6つのケーススタディを紹介します。そこでは課題に対して、最終的にどんなデザイン、解決策が導き出されたのかが読み取れると思います

繰り返しますが、建築不動産フロー【VFRDCM】の部分部分は、それほど特殊ではなく、一般的なことです。しかしこれらが建築家と不動産コンサルの二人三脚でサポートされ、一つのビジョンで一貫性を持ち連続した時、特別な物語が生まれるのです。

3章

建築的・不動産思考の実践

～六つのケーススタディ～

創造系不動産のこれまでの仕事

これまで紹介してきた通り、創造系不動産は「建築と不動産のあいだを追究する」をブランドコンセプトに、建築家やクリエイターと協力して建て主をサポートする、不動産デザインコンサルタント会社です。建築の設計やデザインの業界と、不動産仲介の業界は、隣どうしなのに背中合わせ。そんな商慣習の中で、建て主が投資するお金に見合ったコンサルティングサービスを提供するために、設立されました。

仕事の半分は、建て主の土地の売買仲介です。もう半分は、不動産コンサルタントの立場から、建て主の建築事業をサポートする業務です。

どちらのケースでも、2章でご紹介した建築不動産フローの通り、建築家と不動産コンサルが、ビジョン(V)からスタートし、V→F→R→D→C→M、という順序で建て主をサポートします。

これから紹介する六つのケーススタディは、創造系不動産が携わった事例の一部です。一つ一つが個性的ですが、ここに共通する「不動産思考術」を感覚的につかみ、実践することができれば、きっとより良い建物づくりが可能です。

最初のケーススタディは、私自身が初めて「不動産思考」による家づくりを体験した事例です。「建築デザインと不動産取引の『あいだ』には、まだまだ知らない世界があるかも知れない」、そう考えるきっかけになったお話です。

ケーススタディ1

『不動産広告の常識から抜け出せ！』～現場で気づいた建て主の利益～

東京の世田谷区。建て主が購入候補として考えている土地が、隣り合う二つの街、池尻(A)と三軒茶屋(B)にありました。建て主夫婦と、その友人である建築家と、不動産コンサルである私は、たくさんの土地を見た結果、この二つにしぼりこんできました。

不動産広告を見るとAには22坪の土地に2階建ての住宅、Bには16坪の土地に3階建ての住宅の参考プランが掲載されています。土地の大きさは異なりますが、それぞれの建物床面積は変わりません。

さて建て主と建築家と不動産コンサルは、AかBか、どちらを選ぶべきでしょうか？

建築設計から、不動産営業への転職

少し昔話になります。2008年、世界同時不況のリーマンショック前後のことです。私は前職の不動産会社で、分譲のマンションや商業ビルの建築プロジェクトをマネジメントする業務に就いていました。

しかしサブプライムローンによる不動産市況の悪化は想像以上で、私も技術者として安穏としているわけにはいかなくなり、初めて「営業部」に移籍しました。これは私自身の希望でもありました。

問：AかB。どちらの土地を選びますか？

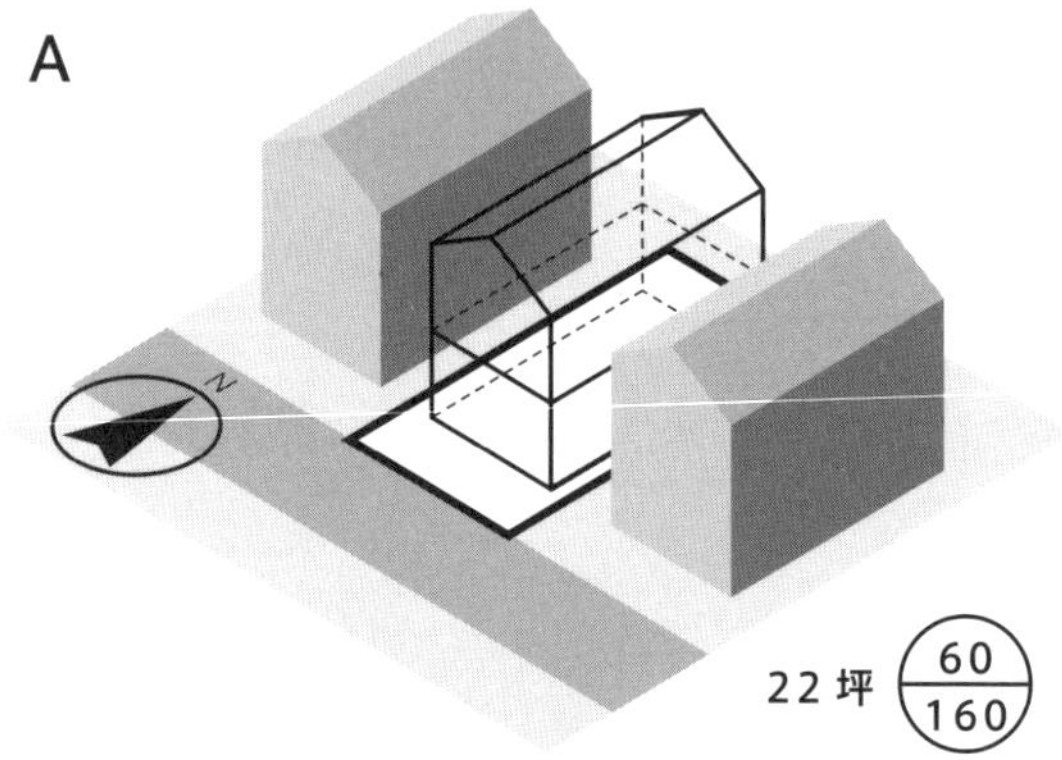

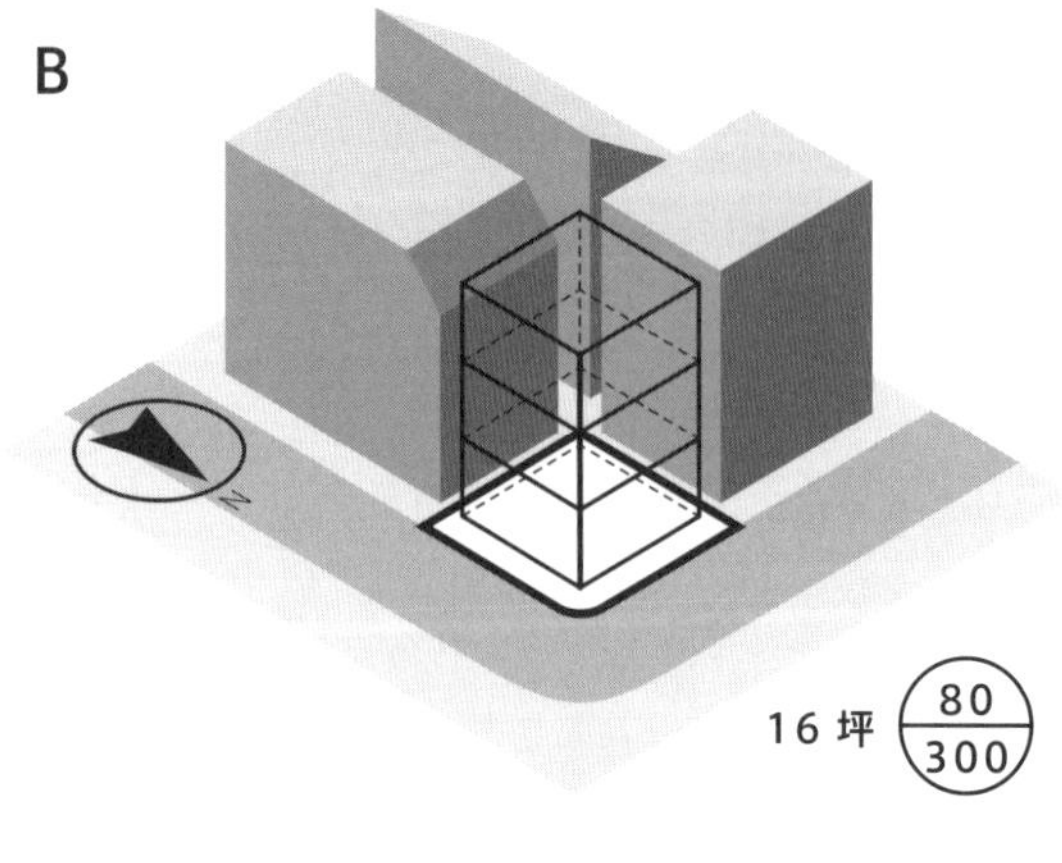

そして最初に営業訪問したのが、大学時代の後輩であり、建築家として活躍を始めたばかりの木下昌大さんの事務所でした。役に立てる自信はありませんでした。具体的に何をどう営業しにいくのかも、分かっていませんでしたが、とにかくそうしなければ、自ら志願し営業に転じた私にはあとがなかったのです。

話はさらに遡ります。私は大学では建築学を専攻し、そのまま大学院へ進学しました。そのあいだ、建築家の岸和郎先生のもとで学び、2000年に修了します。建築設計事務所に就職し、建築家を目指すことだけを考えていました。設計事務所では建築家の古市徹雄先生のもとで7年修行させてもらいます。建築家という夢に向かって努力し、幸運にも14件の設計監理業務のチーフを担当させていただきました。これはアトリエ設計事務所（建築家が主催する小規模設計事務所）としては多い方ではないでしょうか。たくさんの失敗もしましたが、日本のトップクリエイター、トップエンジニアとの仕事には、たくさんの学びがありました。

充実した設計事務所ライフでしたが、しだいに独立を意識するようになります。既に同級生や仲間の中には、独立して建築家としてキャリアをスタートさせている人もいました。しかし私が選択したのは、何と不動産会社への転職でした。

仲間たちは驚きました。建築家になるのをあきらめて、不動産屋になるのかと。中には叱責する先輩もいました。それくらい、当時は建築デザインから不動産業に転職する人は少なかったのです。

実はそれほど計画的に考えた転職ではなかったのですが、そのまま建築を目指す将来に漠然とした不安はありました。そこで半ばやけっぱちに「通常だったら選択しない職業」として、小規模の不動産会社に飛び込みました。独立はそれからでも遅くはないのでは、と考えました。

建築的・不動産思考、初の実践

そんな経緯がありましたから、大学時代の後輩でもある建築家、木下昌大さんに思い切って営業に行くことにしたのです。しかしいざ扉を目の前にすると、アポイントを取ったことを後悔するほど、「営業マン」として建築家を訪問することが、恥ずかしくてしょうがなく、逃げ出したい気持ちになってきました。建築家を志す自分が、営業なんて……笑われるのではないだろうか。そもそも不動産に転職した自分を責めました。転職自体が失敗だったと後悔しました。技術やデザインしか知らない私は、そもそも「営業」が何かも分かりませんし、「営業」に偏見を持っていました。

しかし勇気を振り絞り、インターホンを押し、「本格的に不動産営業を始めました。不動産で何かお手伝いできることはありませんか」。顔から火が出る思いで、ダメ元で言ってみた所、意外にも「ある」とのこと。友人が家を建てるために土地を探しているが、まだ見つかっていないので、その土地探しを手伝って欲しいと言われるのです。そんなことでお役に立てるならと、すがる思いで引き受けました。実は不動産といってもそれまで携わっていたのはディベロッパー的な仕事がメインだったため、マンションや商業ビル設計の不動産事業的なアドバイスをイメージしていました。まさか自分が、一戸建て用の土地を仲介することになるとは、全く予想外です。

しかし考えると、私はいちおう一級建築士ですから、土地ごとに設計できる建物の大きさを考えながら、お客さんの土地を探せば、確かにお役に立てるかも知れない。土地を探して、お客さんを案内して、そうだ、木下さんにも土地探しは同行してもらって、私の不動産の仕事を見てもらおう。また住宅ローンを手伝って、建築士と宅地建物取引士の両方の目線で取引をチェックすれば…。何より、建築家に負けないくらい、建築やデザインのことが好きだから、それらを不動産サイドからサポートできるのでは！

こうして気づいた建て主へのサポート体制が、後々に設立される創造系不動産の基本形です。それにしても、偶然の重なり合いだったと思います。

ファイナンスを聞かずに土地探しに入ってはいけないが、それよりも大切で、必要なのがビジョン

建て主夫婦は、30歳間近、明るい性格のカップルでした。ざっくばらんに、所得や仕事やライフスタイルのことを伺いました。聞けば聞くほど、積極的で魅力ある夫婦。ともに大手企業にお勤めで子供はまだいません。二人とも東京出身なので、都内で自宅購入を検討しているとのこと。一戸建てと同時に、ベイエリア（東京湾岸地区）の新築タワーマンション購入も考えていました。

夫婦の年収や自己資金、住宅ローンの借入能力からすると、マンションを買うのも、土地を買って建築家に家づくりを依頼するのも、どちらも可能です。もちろん建売住宅を買っても良いですし、ハウスメーカーで建築することもできます。ベイエリアのタワーマンションも、設備や共用部分のグレードの割には、価格は比較的リーズナブルなものもありますから、悪くない。

どちらが良いだろう。建て主も建築家も私も首をひねります。

この頃はまだビジョン(V)からファイナンス(F)という建築不動産フローはありませんでした。今から思えばファイナンス(F)、つまりお金のことばかりフォローしようとしていたと思います。自己資金と借入金額のバランスは大丈夫か、年齢的にローン希望額に無理はないか、ご両親からの贈与等のタイミングは妥当か、子供が生まれた場合の返済は問題ないか…。

もちろんそれらは不動産仲介人としては、必要な検証です。しかしお金の話だけを続けていても、根本的なことが見えてきません。だから、建築家の前では聞きにくいのですが、思い切って質問してみました。

「そもそもなぜ家を建てたいのでしょうか、建てなくても良いのではないでしょうか。賃貸で暮らしても良いのではないでしょうか？」

「本当に建てたい理由は何か？」を掘り下げることで、その家族のビジョンが見えてくる

「分譲マンションも良いんだけど、一軒家も魅力がある。でもできれば子供を産んで実家の近くに住みたいから、そうするとベイエリアは遠いので…」。

それは聞いていました。そこで「でも賃貸でも良いですよね？」。すると、「賃貸で家賃を払い続けるのはもったいない」と返ってきます。賃貸は、家賃を払い続けるだけだから、お金がもったいない、土地の方が資産性は高い。これは不動産を購入するお客さんのほとんどがおっしゃることです。しかしこれらは「きっかけ」の一つであり、本質的な理由ではありません。特に建築家に家づくりを依頼したいと考えている若い夫婦ですから、きっと何か決定的な理由があるはずです。
「でも将来、日本の土地の価格は下がるかも知れませんし、お金の面だけで言うと、不動産を買った方が良いか、賃貸を続けた方が良いかは、分かりませんよ？　だとしても不動産が欲しいですか？」。質問を続けていくと、ゆっくりとですが、夫婦は将来の出産と子育ての期待と不安の中、自分たちだけにあったその雰囲気を特別にデザインしたいと思っている、ということが分かってきました。いつか子供ができたら、その子供が大きくなるまでの環境を考えてもらおうとしているようです。明るくて、ユニークで、自分たちだけの家族と部屋の幸せな関係をデザインしてもらいたい。

なるほど、そうか。それなら、建築家にお願いした方が良いに違いない。ベイエリアの分譲マンションは、この夫婦に限っては、実家も遠くなるし、彼らの個性やデザインセンスを考えると、子育て環境としてはおそらくもの足りないはず。またマンションだと、飛び跳ねる子供を注意しなければならない。

夫婦のビジョン(V)は「子育ての舞台づくり」。それは建て主から聞いたというより、建築家と不動産コンサルが一緒に見出していく作業でした。誰でも、思っていても口にできなかったり、不安や心配を繰返し考えているうちに、本当に願っていることが隠れてしまうことがある、それを実感しました。

さあ、このビジョンを軸にして、土地探しと、建物づくりに、一貫性を持たせる家づくりの始まりです。

土地探しに建築家が参加すると、とても面白い

世田谷区を中心に、たくさんの土地を、「夫婦と建築家と不動産コンサル」が一緒に見て回ります。創造系不動産の不動産Ⓡフェーズで定番になるこのメンバーですが、この時が始めての経験でした。まだ土地を紹介、案内する手順も不慣れで、手間どりながらも必死です。

4人で土地を一件ずつ見て回りました。小さな土地、大きめの土地。静かな所に、賑やかな所。持ち主の古家が残っている物件もあります。用途地域や、建ぺい率、容積率（41〜42頁注釈参照）も異なります。土地は、建築家がつくる建物と同じで、二つと同じものがないことを実感しました。

次はこちらです、その次はこっち。土地を案内するのは実に手間のかかる仕事です。不動産仲介会社のみなさんは、毎回これをやっているのかと、今さら感心しました。これまでは、自分が企画し分譲する不動産を、仲介会社に案内してもらう、ディベロッパーの立場でした。その前は、その建物を設計しデザインする設計事務所の立場でした。そうしてできる建物や土地は、インターネットが発達した今でも、結局こうやって仲介人が紹介して回らないと、お客さんの手に渡らない。なるほど。頭では分かってはいた不動産流通の仕組みを、体で理解していきました。夫婦と建築家も、同様だったと思います。

私がバタバタと、地図を見て、車を停めて、案内する脇で、建築家の木下さんは、落ち着いて1件ずつ、土地を眺めています。その土地に建てることができる住宅の大きさ。また周辺環境との関係から窓の方向や空気の流れ。さらに室内空間のイメージや、その場所だからできるユニークなアイデア。

建築家は頭の中で図面を広げて設計ができることを、どれほど多様な空間構成を考え出せるかを、私はよく知っています。少し羨ましく思いながらも、「今の私の仕事は、建て主の希望や、建築家の思考をよく聞き、案内し、しっかり説明する、それに集中しよう」と自分に言い聞かせました。
木下「ここの用途地域（42頁注釈参照）は何ですか？」
高橋「近隣商業地域と第一種中高層住居専用地域にまたがっていますね。」
木下「なるほど…、隣地の境界はどの辺りですかね？」
高橋「見た目はここですが、実際はもう少しこちらでしょうか。容積率は３００％ですよ。」
木下「道路幅員が４ｍですから近商は×０・６で、２４０％が最大になりますが、高度斜線があるので、実際は２００％程度だと思います。日影は当たる地域ですか？」
高橋「高さ10ｍ以上で当たりますが、建物が細くなると思うので、たぶん幅でクリアしています。」
木下「すると、ワンフロア12坪×３階って感じですかねえ。道路は42条2項道路ですよね、私道ですか？」
高橋「私道です。持ち分を持っていて、共有しているタイプですね。」
少し専門的なやりとりですが、設計者としても、不動産コンサルとしても、基礎的な内容ばかりです。しかし実感として、自分の建築士の知識と経験が役に立った気がしました。
そうか。こうやって建築家と不動産会社が、現地で技術的な意見交換ができれば、その場で建て主に、建物と不動産の関係を分かりやすく説明できる。この土地にどんな資産価値があり、どんな建物が建ち、部屋ができるか…、つまり建築的価値を、その場で表現できる。
４人で賑やかに比較検討しながら、次から次へと最終的には10件ほどの土地を見ました。建て主の暮らしのイメージ、建築家の空間的イメージ、そして宅建士の資産価値的なイメージ。それらをどんどん共有しながら、冒険を進めていくような気分でした。

そして私も、みんなの役に立っている実感がありました。今まで味わったことがない、新しい感覚でした。不動産コンサルは、営業やセールスというより、技術的な仕事かも知れない。そして何より、建て主と建築家と不動産コンサルが一緒に、土地を探して見るのは楽しい！ 驚きの連続でした。

そして冒頭の二つの土地（110頁参照）に絞り込まれます。ともに世田谷の土地。不動産広告を見ると、小さい土地に3階建てか、もう少し大きな土地に2階建て。さあ、どちらを選択するか。

建築家はその土地をどう見たか

「常識に囚われないクリエイティブな発想が最も生きるのは、実はまだ土地が決まっていないこのタイミングかも知れない」。木下さんとの土地探しを経験して私は実感しました。

最終的に選ばれた土地は、三軒茶屋のBの土地（扇型の約16坪）の方でした。何と決め手になったのは、木下さんの現地での案、「この土地は4階建てを計画できる」ということでした。日影規制をクリアし、道路斜線もクリアし、この土地は不動産広告に載っていた3階建てから、さらに1階高く建築できる！

もちろん、それが良いかどうかは、夫婦の選択です。普通、家は3階建てまで。4階ということは、階段の移動は増えますし、3階でもイヤ、2階建てが良いという方は多いです。また逆に3階建てが良いと言う方も多いです。これは人それぞれの価値観や、これまで暮らして来た経験や好みがあります。

しかし土地探しを建築家と不動産コンサルが一緒にサポートすることで、建て主の選択肢が広がりました。

この土地は、見た目よりもポテンシャルが高い

木下さんがさらに推測したのは、4階の窓からは世田谷の街並みを一望できるような景色が広がっている、ということでした。何もない土地を見ていても気づきませんでしたが、この土地はそういう可能性を秘めていました。上り下りは大変ですが、4階をリビングにした方が良いかも知れない。この土地を他に検討している人は、このことに気づいているでしょうか。この土地は、見た目よりもポテンシャルが高い。木下さんが簡単なスケッチを書き、説明することで、全員がそれを理解しました。この土地だ！　建て主は、4階の上り下りの負担よりも、その眺望を選びました。

土地を見る建て主夫婦と創造系不動産。撮影は建築家の木下氏（© KINO architects）

これが、建築と不動産のあいだで見つかり、建て主がつかんだ一番大きな利益です。不動産を仲介する私だけでは、建築家が土地探しに同行しなければ、この選択肢はそもそもなかったと思います。

足元から土地を見ていても、土地は土地です。そこにどういう建物が建ち、どういう暮らしができるかということを、一般の建て主は分からなくて当然です。むしろ、残念ながら間違えます。ですから、どういう気づきがあるかは分かりませんが、土地探しには建築家が同行した方が、建て主の家づくりが決定的に良くなることが多いです。

日本では、思った以上に「南向き」がありがたがられる

もう一つ、この土地の決め手がありました。

「北東向きの土地」なので明るい部屋が作れ

建物完成後の4階からの眺望

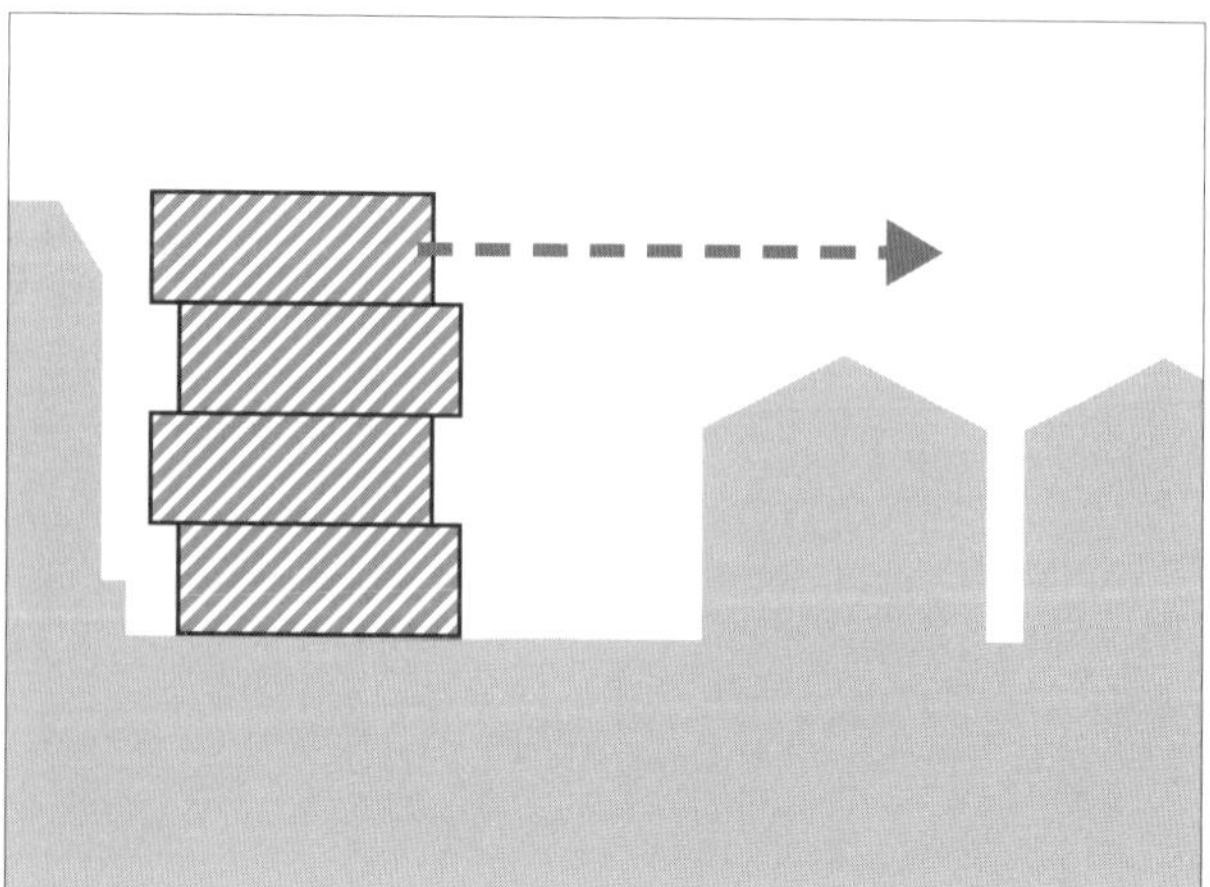

る、ということです。

これはどういうことでしょうか。道路が面する方位は北東。日本では一般的に、土地は南向きがベストとされ、土地価格にも反映されます。しかし設計実務者にとっては、これはケースバイケースとして評価されます。室内で感じる光には「直接光」「反射光」「天空光」と3種類ありますが、年間を通して安定した光を供給できるのは、空の明るさ自体がやわらかく入射する天空光。そのためには、前に障害物のない北向きに大きな窓を設けることができる土地を選ぶことも、明るい家づくりの一つの方法です。

この土地はまさに、そういう土地でした。もちろんどちら向きであれ、建築家が窓の大きさ、形、角度を十分に工夫すれば、その土地や建て主のイメージにあった明るさをデザインできるでしょう。

ではなぜ一般的には南向きが良いと言われ、価格が高いのでしょうか？　おそらく、不動産販売の現場の理論の積み重ねではないかと思います。戦後の日本は住宅不足でした。都心でも鉄道沿線でも、住宅用の土地が大量に供給されました。住宅建設ラッシュの時代です。建物がなく、土地だけで販売する分譲地の場合、「南向きの方が明るいです」と言えば、買う方もイメージしやすいでしょう。

建売住宅を訪れても、窓から射し込む直射日光は、やはり明るい生活像を想起させます。しかし実際の住みやすさはケースバイケース。南向きの窓は、夏は暑く、直射日光は家具等を変色させ、カーテンは閉めがちになります。木下さんが、北向きも南向きも作り方次第で良くも悪くもなりますと説明した所、建て主は驚かれました。こうした知識は、土地の方位だけの話ではないと思います。

よく考えたら建築家にとっても、土地探しから依頼を受けることは、自分たち自身の技術力をひろく建て主のみなさんに伝える、良い機会になると思いました。もちろん土地(R)フェーズでは、土地や権利、取引が大切ですから、そこは不動産コンサルが全て担当しますが、高さや方位といった、ちょっとした建築的発想を、不動産購入のタイミングで提供できれば、建物づくりにとても役立つはずです。

不動産コンサルが、建物の打合せに同席する

土地の売買契約、住宅ローンの本審査、銀行との金銭消費貸借契約が無事終わり、決済、所有権移転も完了しました（44～47頁参照）。土地を探し始めてから、土地の所有権が移転されるまで、建て主はたくさんの選択と決断、手続きと契約を乗り越えてきました。そのあいだ、不動産コンサルだけでなく、建築家とイメージや方向性を共有していますから、建て主は早く次のフェーズに移りたくてウズウズしていたのではないでしょうか。

さて通常であれば、仲介人である私の役割はここまで。仲介はその取引が完了するまでが媒介契約で締結された仕事なのです。しかし今回は、私が初めて仲介した土地の行く末が気になったことと、純粋に打合せが楽しそうだったために同席させていただきました。

そして不動産コンサルの立場でデザインフェーズに参加すると、意外と仕事が結構あることに気づきます。土地の重要事項説明の内容が伝わっているかどうか、正しい測量図が使用されているか、住宅ローンの中間融資の割合の検討等、建て主と不動産コンサルの打合せはまだまだ必要でした（92～94頁参照）。

最初にみんなで考えた「子育ての舞台づくり」がきっちり実現しているか、またファイナンスフェーズで決めた「予算や融資」が実行できているかどうかを、しっかり見届けたいと思いました。

土地の契約前に発見した「4階建て」「世田谷の眺望」「北東向きの大きな窓」が、全て打合せであらためて採用されていきます。またユニークなことに、その三つの要素から、木下さんは、限られた土地の大きさながら、各フロアが少しずつずれて積み重なった見晴らしの良いバ

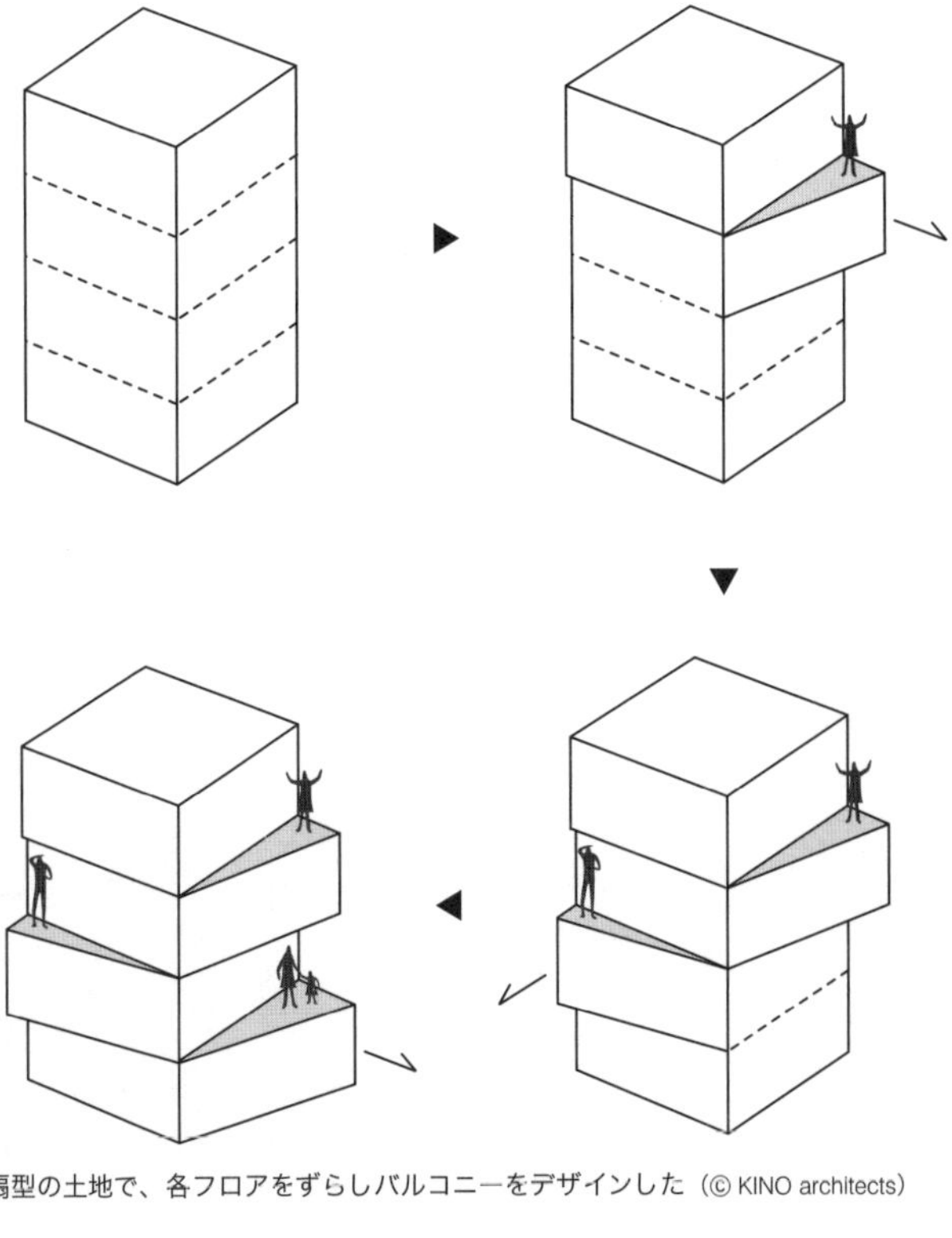

小さな扇型の土地で、各フロアをずらしバルコニーをデザインした（© KINO architects）

ルコニーを考えていました。

この小さな土地でよくそんなことができると感心しました。家の外観も、実に変化に富んだ表情だと思います。それまでの経緯を経て、この住宅は「トーキョーバルコニー」と名付けられました。


家づくりのビジョンは達成されたのだろうか

設計も工事も無事終了。さすが建築家です。ぶれずに、クリエイティブな家づくりをまとめ上げました。

最上階から広がる世田谷のパノラマが実現されているのを見た時、建築と不動産がタッグを組んで、最初から最後まで一緒に建て主をサポートした実感が湧きました。

そして、この「子育ての舞台」である住宅が完成する頃、幸運にも夫婦は子供を授かりました。出産後、奥さんが育児休暇に入り、少し落ち着い

最上階のリビングからの眺め。世田谷が一望できる（©阿野太一）

ずれながら積み重なるトーキョーバルコニー外観（©阿野太一）

た頃、私は木下さんに連れられて、このお宅にお邪魔しました。建て主と建築家と不動産コンサルが、最上階で、街をながめながら歓談しているあいだ、小さな赤ちゃんは、脇に寝かされていました。

部屋は明るく、でも直射日光ではないのでカーテンも閉めません。世田谷の住宅街の屋根並みを背景にした、子育ての舞台としてのリビングルームには、不思議な浮遊感を感じます。

「とても気に入っています」と夫婦は喜んでくれました。このプロジェクトを通じて、建築家の仕事をあらためて承認しつつ、私の内面にも変化が起きていました。もっとこの役割に繰り返しトライしたくなっていました。そして、もしかしたら「建築と不動産のあいだ」には、まだまだ建て主の利益が隠されているのではないか、という仮説を立て始めていたのです。

ケーススタディ１
建築家コラム

▽敷地の選定に参加することで可能になること

土地の広さ、形、高低差、周辺環境等、その土地の個性が建物を規定する割合は少なくありません。また密度の高い東京では、地形の他に、都市計画法によって色分けされた「規制（見えざる地形）」が、建築に多大な影響を与えます。

ただ多くの建築プロジェクトは、敷地が既に決まってから依頼が来るため、与えられた敷地条件を読みとり、建て主の要望との間に最適な回答を見出すように建物を設計することになります。

しかし、今回のプロジェクトは建て主の要望に適した土地を探すことから始まりました。つまり、土地を見出すことも設計の対象だったのです。これは、デザインの幅を大きく広げてくれました。実際、当初は同じ程度の床面積が想定された二つの候補地を訪れた所、一方の土地には実は４階建てが可能であり想定以上の床面積が取れることを発見しました。建築を取り巻く敷地の初期条件（広さ、形、高低差、周辺環境…etc）ですら、設計の対象にし得ることに気づいた、貴重な経験です。

▽眺望の良い戸建住宅を

今回の敷地は南が近隣商業地域に、北が第１種中高層住居専用地域にかかり、その北側には住居系の用途地域が広がります。二つの用途地域では建築可能な建物高さが異なり、住居系の地域より商業系の地域の方が高い建物が建てられます。そんな用途地域の境に建つ利点を活かして最上階の北面にバルコニーを設けました。都心にいながら街を見渡せる戸建住宅が誕生しました。さらに、容積率算定の対象外となるバルコニーを各フロアに展開することで、限られた内部空間に拡がりを持たせています。

建築家・木下昌大

ケーススタディ2

『土地を選ぶ。右か左か？』〜建て主を錯覚から救い出すことができるのは建築家〜

東京の調布市西つつじヶ丘。京王線で新宿から西へ、世田谷区を越えた辺りの急行停車駅、駅からほど近い住宅地です。土地を探す建て主は、実は設計事務所勤務の一級建築士。彼と奥さんと私は、ついに希望の土地にたどり着きました。

土地は図のように、北西側に道路がある2区画。忘れもしない、雪が残る12月の暮れ。3人は土地の前で決断しようとしていました。ようやくたどり着いた自分たちの要望に合った土地。他の人に選ばれる前に、ここは即断しなければなりません。

夫婦は明るい光が入る家を希望されています。さて、選ぶべき土地は、右か、左か？

キャリア・家・場所

建築家である前真吾氏と私は、共通の知人から紹介された知り合いでした。ある時、彼自身の家づくりについて相談を受けます。彼と奥さん、そして3人の子供のための自宅を作りたいのだが、そのための土地を買いたい。しかし、予算に不安があり、世田谷の職場から1時間以上離れた郊外を候補に探そうと思うとのことでした。年齢は35歳。設計事務所に勤務している所員なのですが、着実に設計者としてのキャリアと能力を積み上げています。そしてライフプランで大事なことは、彼が将来独立を考えていることです。設計者であれば独立を現実的な目標に置くのは当然でしょう。

独立が先か、家を買うのが先か。これは創造系不動産の顧客でもたまにある相談です。正解はありません。しかし一般論で言うと、勤務している間の方が、住宅ローンが借りやすい。独立し、個人事業主または代表取締役になってから住宅ローンを借りるのは、個人の年収に加え、会社の業績が審査されるので、ハードルが高まります。

ただし、「独立してから住宅ローンを借

問：AかB。どちらの土地を選びますか？

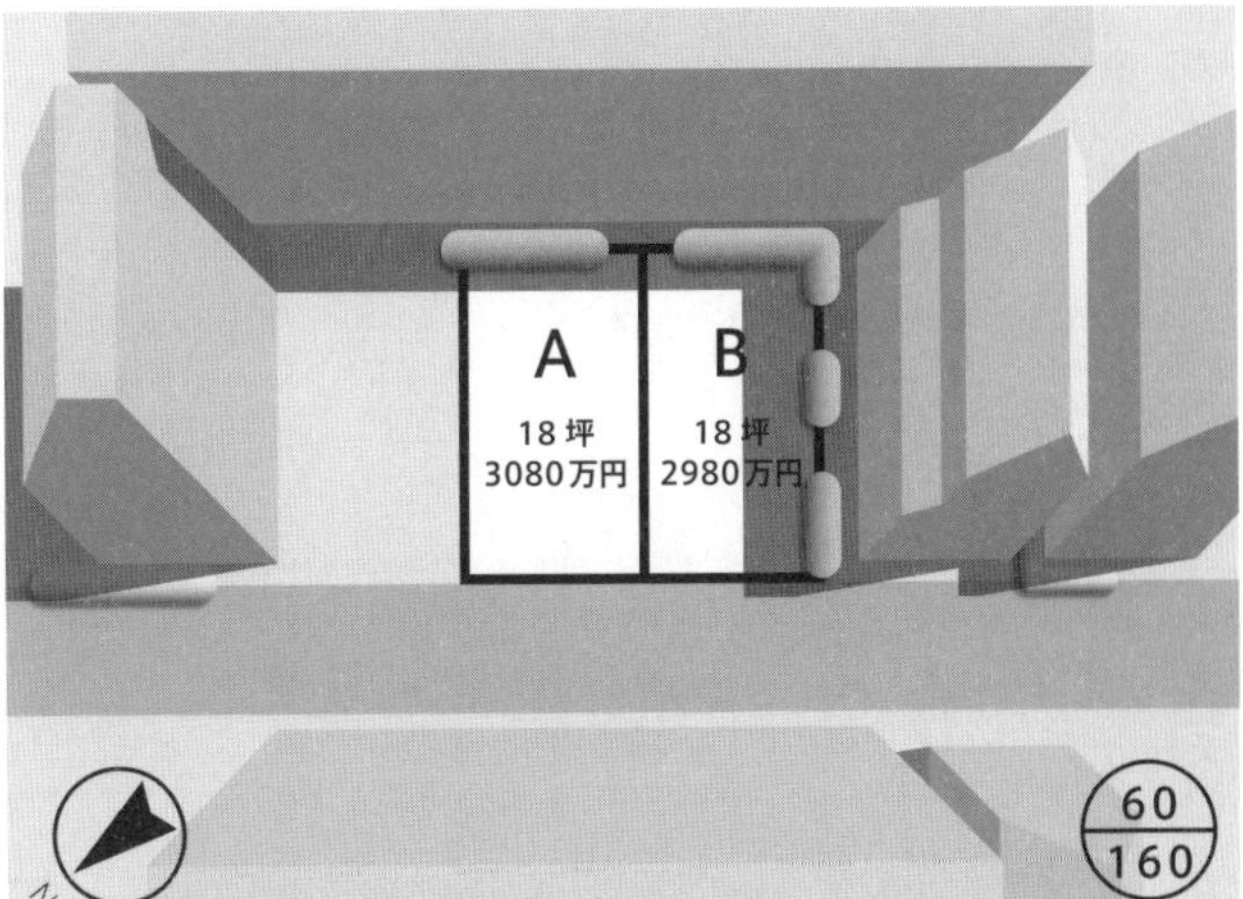

りるのは難しいから、今のうちに買ってしまおう」これは間違いです。それはセールストークに乗ってしまっています。そうではなく、先に買うにしても、後に買うにしても、しっかりとまず起業後の事業計画をつくること。そちらに時間を割きました。

これは建築不動産フローのビジョン(V)に当たります。会社を立ち上げて、お客さんや社会や家族に貢献する。彼はそのためにキャリアを積んでいました。どんな事務所をつくりたいか。彼の技術はどうすぐれているか。その会社を起業するためには、先に自宅があった方が良いかどうか。

次にファイナンス(F)です。彼の預貯金から今回自己資金で使えるのは3000万円。予算は土地と建物で5000万円。この予算内でお願いしますということでした。しかし私はその予算を再度見直すように要求します。創造系不動産はいつものように、「夫婦と建築家と不動産コンサル」が一緒にお金について考える所から始めます。ただし今回は、ご主人と建築家が同一人物であるのですが。

多くの建て主が初めに想定している「予算」とは、今の家賃と住宅ローンの返済額を比較して出された金額、または今の年収から借りられる住宅ローン限度額からある程度余裕を見た金額、そのどちらかが多いと思います。

しかしそれが正解とは限りません。本当の「予算」とは、10年後、20年後の資産形成計画（ファイナンシャルプラン）をおおざっぱで良いのでイメージし、3人の子供の成長とともに購入後の自己資金の変動を想定した上で、借入額が妥当かどうかを「判断」します。そのプロセスが、建築不動産フローのファイナンス(F)フェーズの要です。

そして予算を決めた上で、土地を探し始めます。彼と奥さんは、既に十数件の土地を見ていました。自分たちの将来に迷い、どちらかと言うと朗らかで明るい性格の二人も、不安になり縮こまっていたそうです。ご主人の世田谷の職場に対し、冒頭の通り、1時間を大きく超える場所を考えている。しまいには、2時間を超えると格安の土地があると言いだし、家づくりは迷走していました。

土地を買うとは、単にモノを買うことではなく、現金のような金融資産を現物資産に変えて持つことです。もちろん単なる両替ではありませんし、将来の価格の変動はどうなるか分りません。5000万円でもその価値が維持される土地なら、高い買い物ではありませんし、4000万円でも、将来3000万円に下がってしまえば、高い買い物だったことになる。そんなものです。

だから言えることは、「その土地が自分にとって将来的に価値があること」、そんな資産性が大切です。しかも、人生の貴重な時間と、自分が独立したい場所（独立後は自宅で業務する）に「不自由な選択」をするのは、もったいない。数千万円の買い物だからこそ、自由な選択をして欲しいと思います。

ここで書けることは限られますが、夫婦は自分たちのビジョン(V)とファイナンス(F)の考え方について何往復もして、ついに職場からほど近い、調布市の土地にたどり着いたのでした。

現地で、その土地にどんな建物が建つかをよく観察する

そして冒頭の図の土地（129頁参照）が現れました。駅から徒歩7分の住宅地。約18坪（約60㎡）の2区画。もともと大きめの住宅が建っていましたが、今は更地《さらち》になり、2区画が分譲販売されています。

天気は良かったのですが、たまたま数日前の雪が残っていました。方角的に、また周囲の建物のせいで、右の土地は左の土地に比べ暗く、ジメジメしており、おまけに雪が残っており、しかし100万円安い。左の土地は明るく、土地もカラッと乾いていますが、100万円高い。建蔽率は60％。容積率は160％です。第二種高度地区という地域にあるため、北側から建物高さが制限され、屋根が斜めになるはずです。

普通は「不動産屋さん、この100万円の価格差は妥当なんでしょうか」と質問が飛んで来そうです。明るい家を建てたい。だから左の土地が欲しい。でも予算は限られている。そう思って、建て主が慎重になるのは当然です。100万円の差であれば、明るい土地を選んだ方が良いと思うと答える人もいるでしょう。少しでも節約するために、右側の土地を選び、明るい家をつくる工夫をしよう、それも間違いではないでしょう。そんな会話が、土地探しの現場では、日常的に起きているのではないでしょうか。

しかし今回の建て主は建築家本人であり、土地を案内するのは創造系不動産です。さて土地を選ぶこの瞬間、「建築と不動産のあいだ」があります。さあ、右か、左か？

土地に隠れる三つの錯覚

建築家と創造系不動産が指差したのは、ともに右側でした。

「そもそも右の土地の方が、明るい住宅が建つと思います。」

図は建物を垂直方向に切った「断面図」です。これを見れば一目瞭然でしょう。おそらくこの規模の土地であれば、ＡＢともに高さ制限めいっぱいの大きさの住宅が建てられます。するとこの図のような家が二つ建つことになると考えられます。

またＡＢ間は、近接します（民法では、境界線から外壁までの距離を50㎝とる定めがありますが、本ケーススタディでは、売主は土地を買い取り分割して再販売する不動産会社であることが、不動産的には容易に想像でき、ＡＢ間は双方近接して建築して良い条件付きの売買契約になることもまた、想定できるからです）。さらに高度斜線により、ともに屋根が斜めに切られることも、建築士であれば現地である程度正確にイメージできます。すると図の通り、Ｂの方が「明るく」なります。図で見ると簡

建物完成後の日当りイメージ

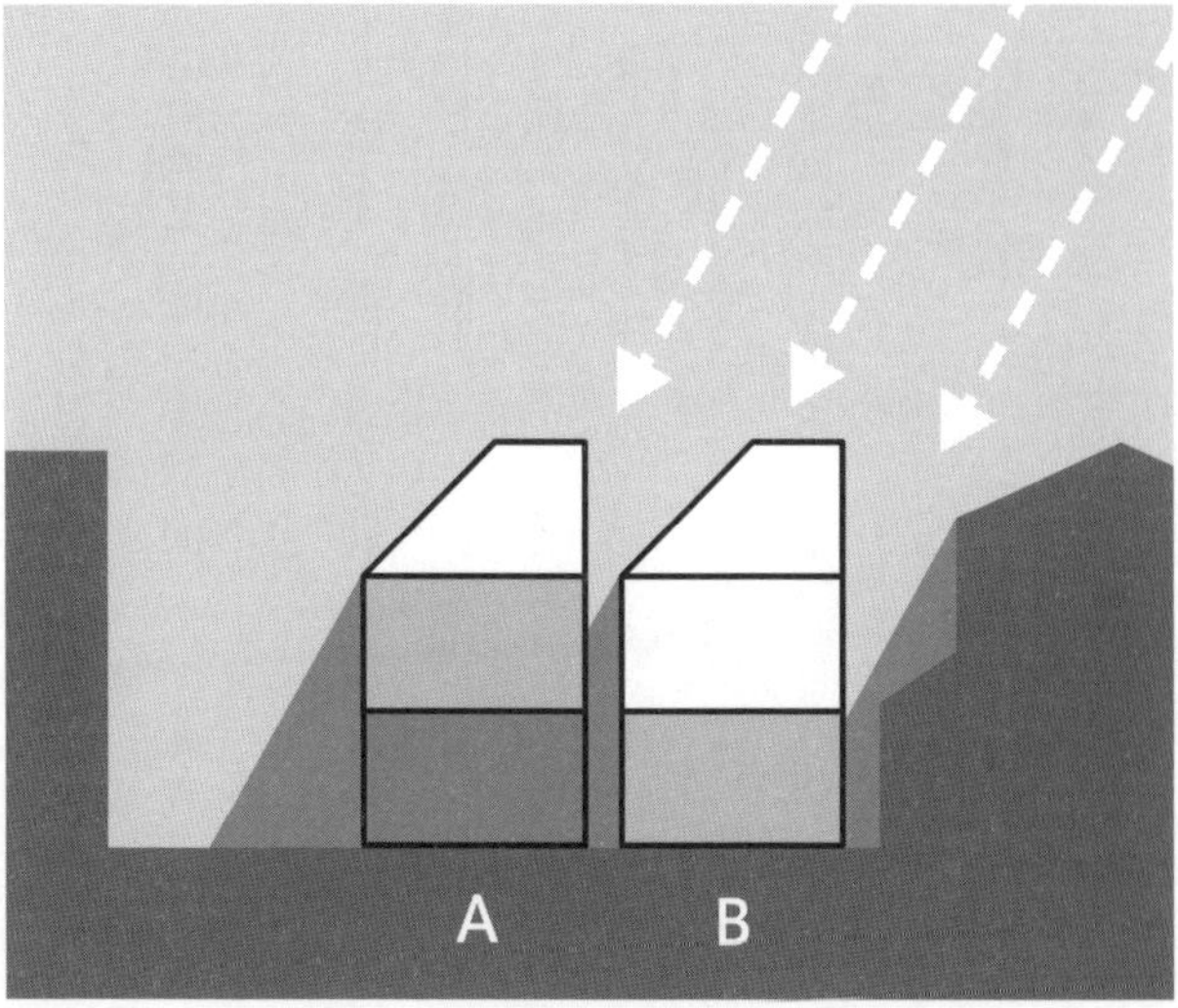

単ですが、実際はAを選択する建て主は少なくないでしょう。これには三つの「ひっかけ」があります。雪を現地で見てしまうことによる錯覚。雪でなくても、水たまりや地面が湿っていること、または影だけでも同様です。「住宅」が建てば状況は変わるのですが。

光に照らされた地表を見てしまうことによる錯覚。これから計画する家の室内が明るいことと、建てる前の地表が明るいことは、基本的に無関係です。

売主の値付けによる錯覚。やはり現地で目を惹くのはAの土地です。逆に言うとBの土地は比較的不人気になるかも知れません。そのためにBを少し安くし、販売価格に意図的な差を設けます。これは売主サイドにとっては、妥当な判断だと思います。この3点が現地で揃えば、不動産仲介人はAをお勧めし、建て主は「明るいから」という理由でAを選択しても不思議ではありません。

しかし建て主は、明るい土地ではなく、明るい住宅が欲しいのではなかったでしょうか。このケーススタディでは、建て主本人が建築家だったことが幸いしました。平面的な土地を、建築家の垂直的な思考で選択することができたのです。

縦割りを飛び越えれば、建て主を錯覚から救い出すことができるかも知れない

創造系不動産のプロジェクトでは同様の事例は比較的多いです。つまり土地だけを見た印象と、建物を想定した場合とでは、明るさだけでなく、その他の要因でも、判断が異なることが多いのです。

「ひっかけ」は、現実の目の前に立ちはだかります。しかも、人生で何度もない大きな買い物をする直前です。心理的なプレッシャーもあり、「ひっかけ」は「錯覚」を引き起こします。繰り返しになりますが、こうした錯覚は日常的に起きていることです。家づくりは数千万円の買物ですから、できるだけこれを防ぐために、私は建築家がRフェーズから、建て主をサポートして欲しいと願っています。

土地を探したことがある人は分かると思いますが、良い土地や気に入った土地は、別の人も気に入っている可能性が高いですから、土地探しからの申込みや契約は、往々にしてスピード勝負になります。

だから遠慮せず、建築不動産フローの通り、最初から土地や権利に精通した不動産コンサルと、デザイン感覚に長けた建築家が、常にタッグで土地探しをして、それぞれのコメントを共有するのが良いと思います。時には建築家と不動産コンサルの意見の違いも、建て主にとっては大事です。そこに本質が隠れている場合もあるからです。

「建て主と建築家と不動産コンサル」が常に一緒に土地を見る。ケーススタディ1以降、繰り返しトライアルした結果、私はこれが日本で最高の土地探しの方法だと思い至りました。今はまだこの方法は一般的ではありません。しかし近い将来、きっと定番の方法の一つになる時代がくるでしょう。

そうしないと、建て主はあっさりその「建築と不動産のあいだ」にある利益を取り逃がしてしまうかも知れないからです。今回の土地で言うと、明るい家を求めながら、Aの土地、高額でしかも暗い家が建つ方の土地を選択してしまう可能性は、かなり高いのです。それを回避するための一つの方法として、建築不動産フローの有効性は、しだいに広まっていくと思います。

土地が決まってからが不動産コンサルの腕の見せ所

建て主は決断し、土地の申込みは年始早々に行いました。ここからの流れは、1章の「不動産会社の役割③不動産の売買契約」(44頁)を合わせて確認してください。ローンの事前審査を通し、土地の重要事項説明と、売主・買主間で売買契約をしたのは、1月10日頃。お正月を挟んで、建て主は無事、土地を取得することができました。

その後、銀行の本審査と金銭消費貸借契約を経て、土地の決済、引き渡しが2月。創造系不動産は契約後の所有権移転をサポートしつつ、少しはやめに建築家である建て主と、デザイン(D)フェーズに入ることができます。ここで注意点が何点かありました。

・銀行ローンは本審査が終わるまで分からない。もし降りなければ、土地売買契約は白紙解除になる。
・キャンセル料を支払えば、まだキャンセルはできる。
・それらをクリアしても、引き渡しの瞬間までは、確実に土地を取得できるかどうかは分からない。

ですから急ぎたい所は山々ですが、土地の所有権が移るまでは、建て主にはこの状況をよく理解してもらう必要があります。

そのためデザイン(D)フェーズまであと1か月程度は、V・F・Rフェーズでの特徴のおさらいをすることにしました。今回は建築家と建て主が同一人物ですが、油断はできません。前さん、奥さんの打合せに、不動産コンサルとして参加させていただき、ポイントを振り返ってみます。

まずビジョン(V)で明確になったのは、「独立した後は、数年以上は自宅が職場になる」こと。これまでは仕事が長く、帰宅も遅かったので、「しばらく職住一体し子供と一緒にいたい」という想いが込められています。

ファイナンス(F)では、限られた自己資金のため、子供3人が大学生になるタイミングまでは、少しずつ預貯金を続けられる程度の借入にしました。また返済が計画的に可能な固定金利を選択しました。

さらにこれらVとFを合わせて、将来的にリフォームが可能な内装は今やらず、3人の子供は大きな一部屋で育てることにしました。できるだけ建設費を抑える考え方です。

さらに土地(R)では、Bを選択した理由、すなわち南側の居住空間をいかに豊かな光で満たすかが、土地のポテンシャルを引き出す具体的なポイントです。

建築不動産フローは、ビジョン(V)設定から、建物づくりに一貫性を持たせる方法です。ですから、このように与条件をしっかりおさらいすることはとても意味がありました。そして無事、土地の引き渡しが完了し、本格的な設計(D)フェーズです。建て主本人の設計は速く、どんどん基本設計を進めていきました。

前さんは設計事務所で勤める若手建築家ですが、これまで担当した住宅件数は、3桁を超える超ベテランです。しかしそんな前さんでも、限られた敷地で5人家族のための住宅を考えることは、簡単ではありません。そして、前さんが想いを叶えてあげたい建て主は、奥さんです。できるだけ奥さんの意向を取り入れ、かつ心地良くユニークな空間をつくっていきます。自ら設計し、よく知る工務店を指名し、私も呼んでいただいて地鎮祭をしました。お仕事でたくさんの家を設計しながら、休日に自分の家づくり。大変だったと思いますが、土地探しから1年、ようやく自邸が完成しました。

建物が建つ前と後では、場所の印象は全く異なる

完成した住宅のファサード（正面）は、出入口の他は、細い窓と、丸窓が空いている程度です。明るい家を希望されていましたが、道路から見ると、一見暗く閉じているようにも見えます。

正面にマンションが建っているため、視線が合わないよう窓は最小限にされたようですが、それはこのB地を選んだ理由、Rフェーズで確認したことを見こしてのデザインでした。つまり南西側からの採光を、室内全体に行き渡らせるような計画にしています。その結果、昼間は室内の電気を全くつけない、明るい暮らしが実現していました。前さんの設計の工夫の結果、本当に明るい家になりました。

このケーススタディを通して改めて掴んだことは、建物が建つ前と後では、場所の印象は全く異なることです。

最初の図（129頁）にもあるように、この土地はどちらかと言うと、周りを建物が囲んでおり、特に右のBの土地は「暗い」印象がありました（それは説明した通り錯覚だったのですが）。

Rフェーズにおいて、建築家と不動産コンサルは、建てた後をイメージして、一見暗い土地をあえて選択しました。しかし工事現場の段階ではもう、予想が的中していたことを確認できました。やはり土地選定の段階から建築家に参加してもらうべきです。

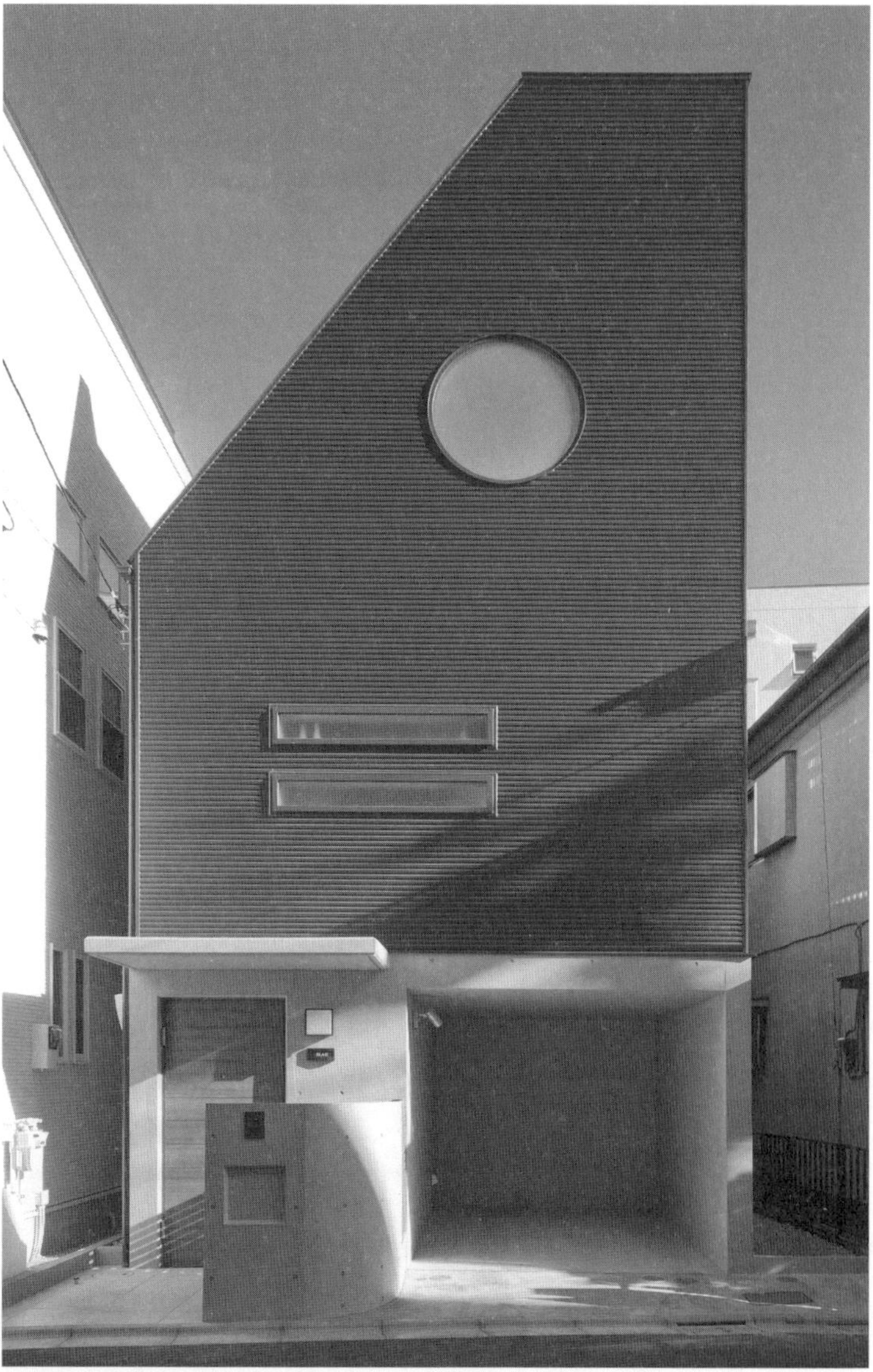
選ばれた右の土地に完成した、ケーススタディ２の外観

ビジョンの実現に向けたマネジメントフェーズ

建築家や不動産コンサルにとっては、土地や建物の引き渡しが一つの区切りです。しかし建て主にとっては、生活者として、所有権者として、建物を使い始めるスタートラインです。前さんにとっては、自分で計画した建物を、奥さんに喜んで住んでもらえるかが、気になる所です。

前さんから聞いた後日談ですが、1年前の年末、Bの土地の購入を決断するも、土地契約の直前、つまり年末年始、ご主人と奥さんは激論を交わしたそうです。将来のこと、お金のこと、子育てのこと。土地を買うか買わないか、家づくりを進めるか、もう買うのを止めるか、という所まで議論は発展したそうです。

実は多くの建て主は、直前に夫婦や親子の意見が分かれることがあります。私の意見では、それは悪いことではありません。家づくりとは、大金での土地の購入(R)、その前に将来のお金の計画(F)、そしてさらに前にライフプラン(V)を考える作業です。考えれば考えるほど、正しいかどうかが分からなくなる、大きな課題です。少なくとも前さん夫婦は、そこから目をそらさなかった、ということだと思います。

建物が完成して落ち着いた頃、ご自宅に遊びにいきました。Rフェーズで判断した通り、2階のリビングは高い窓から燦々と降りそそぐ光で満ちていました。家族の明るい笑顔を見て、特に奥さんが前さんの設計を気に入り、楽しんで住んでいるのを見て、この計画が成功したことを実感し、私もホッとしました。

しかし大事なのはこれからです。ビジョン(V)の実現に向けて、これから独立までのあいだは、事業計画がブレていないことを、チェックすることになるのですから。

リビングルーム。更地の時の計算通り、日中は照明がなくても明るい

ケーススタディ2

建築家コラム

▽土地と建築の密接な関係

土地と建築は密接な関係にあります。建物形状は、思った以上に土地にかけられた規制によって決まるからです。特に都心部の場合、街並みをつくるのは、用途地域や建ぺい率、容積率、高さ制限といった都市計画です。つまり建築と不動産をつなげるものの一つは、都市計画法から建築形態を書いては消し、消しては書く、スタディ能力なのです。

私が何もない土地から建物形状をイメージすることができたように、住宅をたくさん設計している建築士であれば、土地から、そこに建つ建物の形状や種類が推測できるようになるのです。

▽明るい戸建住宅を

プランニングのベースは、昼間、電気をつけなくても明るいリビング・ダイニング空間です。ダイニング上部の3帖程度の吹き抜けと、リビング南側にインナーバルコニーを設けて実現しています。

もう一つの特徴は階段形状とスキップフロアです。2種高度の斜線制限がある場合は、3階分の高さがとれないので、北側に直階段を設置できません。そのため、1階の敷地奥を半地下形状にして、建物を東西にスキップフロアにすることで、3階までそのまま昇れる直階段を設置しました。玄関等低い部分は天井高さをぎりぎり2m程度に抑えて空間に変化を持たせることで、小屋裏空間等の余剰空間を最大限に利用しています。そうこうするうちに、当初の想定と異なり手の込んだ間取りになりました。クライアントである妻の希望を全て叶えたかったからかも知れません。スロープや段差があるアンチバリアフリー住宅ですが、子供たちには変化のある楽しい家になったことが何より良かったと感じています。

建築家・前真吾

ケーススタディ3

『親族関係を設計せよ！』～家族会議に、建築家と不動産コンサルが参加する～

神奈川県のとある地域で、2世帯または3世帯住宅を計画するための、家族会議の最中です。まだ土地は決まっておらず、色んな土地を探しながらの会議です。

どの土地にするかというより、どういう住み方をするか、意見は飛び交います。なぜなら、一緒に住む方法は色々あるからです。2軒の家を建てるか、親子世帯を上下に積み重ねるか、または左右に分けるか、あるいはユニークに立体的に混ぜるか。そして何より、費用負担と権利分担をどのようにデザインするか。それぞれの家族も、それらが最大の関心事です。

最近になって、核家族ではない住み方が見直されつつあります。しかし、議論は単純に土地または家の話だけに留まりません。さあ、具体的にどのように話を進めていけば良いのでしょうか。

将来、本当に欲しいものは何か？

関西で活動する建築家の白須寛規さんと、その友人の夫婦（30代）と、私が最初にお会いしたのは、東京の創造系不動産のオフィスでした。

ご主人は会社を経営されており、奥さんのお腹の中には3人目のお子さんがいます。現在は賃貸住宅にお住まいですが、3人目の子供が生まれるタイミングで、家族の拠点をつくりたくなったということで、ご来社されました。

しかしお話を伺うと、多くの若い夫婦がそうですが、自己資金が十分ではありません。普通に考えると家づくりは時期尚早かと思いました。それはご夫婦も何となく感じており、その上でご相談に来られました。

ご主人は若いですが、経営されている会社は順調です。また夫婦ともに、とても明るく陽気な性格で、周りを巻き込む魅力にあふれています。しかし優秀ではあっても、特に若いうちは、多くの経営者は会社と自分を一体的に考えているので、勤務時間が長く、家族と一緒にいる時間が十分ではありません。

ご主人自身も、その点を変えたいと感じているようでした。これからの会社と家族のビジョンを、その日はじっくり聞かせていただきました。もっと仕事を絞って家族と過ごす時間を増やしたい、そのために新たなキャリアプランを立てていること、子供に行かせたい学校があること、家は奥さんの好きなようにつくってもらいたいこと。話しながら、ビジョンを明確にしていきました。

それらを実現させるとしたら、両親からの資金的な援助は必要です。創造系不動産の建て主たちも、30代であれば、8割近くの方が、多かれ少なかれ親から贈与を受けますから、特に珍しい話でもありません。

早速両親に相談することになりましたが、可能であれば、近くに住んで子供の面倒を見てくれている奥

考えられる住み方のバリエーション

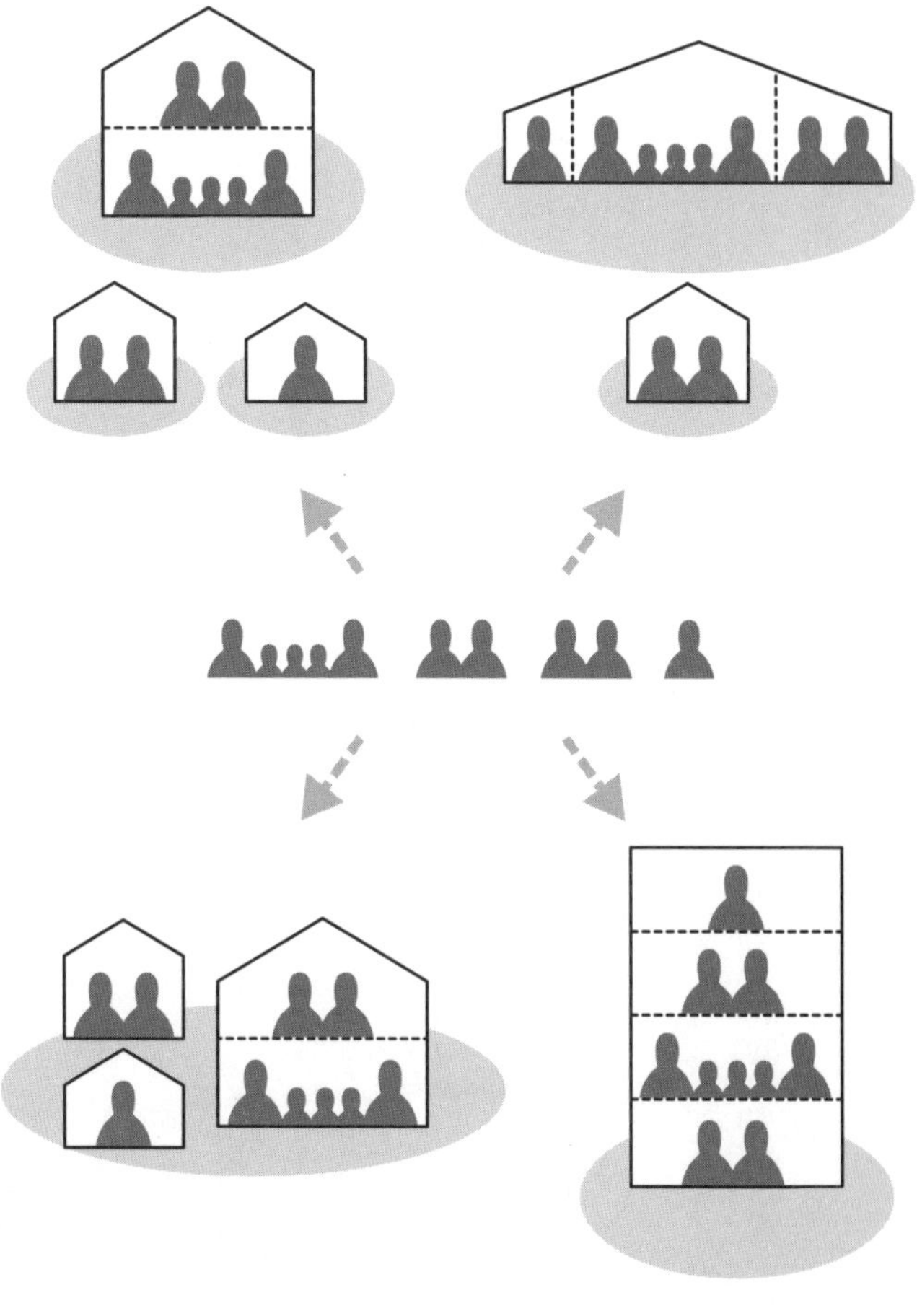

さんの両親と一緒に住みたい、両親にはこれから話そうと思うとのことです。また奥さんのお姉さん夫婦にも、両親と一緒に住むことについて、意見を聞く必要があります。

他にも家族がおられますかと聞いた所、ご主人のお母様がいらっしゃいました。こちらにも、家をつくろうと思っていることを、まだ話していません。できれば、両親だけではなく、みんな一緒に住めたら良いね、と冗談もでました。親族はとても仲が良く、羨ましく思いました。しかし何と、数回後の打合せで実際にそれが、家づくりのビジョン(V)に決まるのです。

ビジョンは「みんなで一緒に住む」

近年、二世帯住宅を考える方が増えているそうです。親、子、そして孫が助け合いながら一緒に暮らすスタイルが、再評価されているのだろうと思います。社会進出する女性が妻である新中間層にとっては、とても安心できる子育て環境でしょう。都市部で働く若い夫婦にとって、子供を保育園に預けられるかどうか、両親の協力を得られるかどうかはライフプランに大きく影響する関心事です。

また家族に何かがあった時、災害が起きた時、集まって住む家族は、安心感があります。もちろん、お金の部分でも合理的です。核家族の場合、土地や建物をその世代で売買するのが一般的ですが、親から子へ、子から孫へ、家をうまく受け継いだ方が、お金も大きく節約できます。

建築家の白須さんと私たちは、彼らのビジョンをバックアップすることに決めました。「みんなで一緒に住む」を実現させてあげたいと思ったからです。

ただ、二世帯住宅が見直されているとはいえ、現在の日本の一家族の人数は、3人までが7割を占め、単身も増加しています。逆に5人以上の家族は、1割に満たない状況です。それほど私たちはこの「核家族」という家族単位に慣れています。ですから勢いで「一緒に住む」、と言っても、実際にそんなことは可能なのでしょうか。お金や権利やプライバシー等、不安はないのでしょうか。何より、どんな生活空間をみなさんはイメージしているのでしょうか。

次の建築家と創造系不動産のミッションは、順番に親族のみなさんにお会いしていくことでした。

10回重ねた家族会議

ご家族みなさんに、時には別々にお会いして、本当に仲が良いと感じました。住む場所は別ですが、サポートし合って暮らしていることを知りました。聞いていた通り、奥さんのご両親は家が近いので、孫の面倒を良く見てくれていました。でも、仲が良いことと、一緒に住むことは、同じことではありません。本当にみんなで一緒に住むことはできるのでしょうか。

奥さんのご両親も、一緒に住むことを前向きに捉えてくれました。でも何しろ寝耳に水だったので、そんな土地が自分たちに手に入るのか、どこに住むのか、お金や持ち分はどうするのか、色々とご質問をいただきました。そして家族でワイワイと、会議を繰り返しました。

当然ですが、今回の計画は、親子間、または親族間の「お金」についての話が、最初から切っても切れない課題です。今回のファイナンス(F)フェーズは、多岐に渡るので、整理してみます。

・ご主人の会社経営の方向性
・ご夫婦の住宅ローンやこれからの子育てや貯蓄
・出資するご両親の老後のお金
・今回の建物づくりに要する全体費用
・将来的な相続についての考え方

これら五つのファイナンスを、まとめて考える必要があります。

将来的な相続がポイントになるのは、他のケーススタディも同様です。親の資産や相続について、今回の建て主もあまり意識していませんでした。日本では、親子でお金の話をあまりしません。結構多くの人が「相続は他人事」と思っています。

しかし家づくりにおいては、少なくとも最低限の相続についての知識を身に着けておくことは、親子双方にとって重要です。なぜなら、相続を考えることと、相続税対策をすることとは、別問題だからです。また家づくりは、夫婦だけではなく親を含めた家族みんなのビッグイベントになることが多いですから、きっちり親子のお金について向き合うチャンスでもあります。ちなみに個別の具体的な税金やその対策については、専門性が高くなりますから、税理士の助けを借りるのがベターです。

そして今回は、相続も含めたこれらのファイナンスを机上で議論するよりも、具体的な土地を前にして「何ができるのか」を話し合わないと、コミュニケーションが横滑りすると感じました。もちろん、土地の向こうに、建築空間的な、立体的なイメージを共有することを期待しています。そうして、建築家と不動産が協力するのが、建築不動産フローですから。

こういう経緯があり、「ファイナンスを決定する前に、まずは土地を見にいきましょう」と提案しました。夫婦と、ご両親と、子供と、建築家と、私たち8人で土地を見て回りました。

珍しいケースですが、ビジョン(V)とファイナンス(F)を固めて、実行していくために、まず不動産(R)フェーズを同時進行させる、変形フローでした。これは、親族それぞれの考え方の違いを浮き彫りにする意味もありました。

見て回るエリアも、かなり広範囲です。建築家の白須さんは、それぞれの土地を図で説明しながら同行してくれました。親族の住み方を提案しながら土地を探すのは、とても楽しいイベントです。

エリアによって、土地の価格は変わりますから、家にかけられる予算も変わってきます。また大きな一軒家を建てた方が、建築費用は抑えられます。でも分棟にしたいという案も出ました。また不思議なもので、場所の雰囲気によっては、上下に分けた一軒家もアリかな、と意見は変わりました。場所には、不思議な力があることを、私たちもあらためて感じました。

親子で不動産を持つ場合の一般論で言うと、土地は息子夫婦が購入し、親が建築費用を負担する方法が、相続税対策としては良いと言われます（将来的に相続税額を減少させるため）。しかし、節税効果が高い方法を選ぶことが誰にとってもベストではありません。

税金やお金の技術論は、建築と不動産の技術論と同じく大切です。でも、家族の信頼や気持ちを優先して欲しい。「お金で得をする」「合理的である」ことだけを理由に、計画を進めるべきではないと思います。
また、色々土地を見ているうちに、将来的に土地を分割する可能性もあり得るということを、建て主たちは学んでいきました。そのためには、少し大きめの土地がいる、そのためには少し都心から離れたエリアを考えることになる、すると建物の床面積的にも余裕がある家づくりができる。でもそうすると、ご主人の会社から離れてしまう…。

このように家づくりは多面的な要素が絡み合いますから、例外なくみなさんは悩みます。ましてや今回は、複数の世帯の考えがあります。ですから、ビジョン(V)・ファイナンス(F)・不動産(R)を、行ったり来たりしながら、検証していく必要がありました。そして建て主たちとの家族会議は、構想をお話する所から、土地を絞りこむ所まで、屋内外で、繰り返し10回も行われました。

実は途中で、やはり別々に住んだ方が良いのでは、という選択肢も出ました。しかしご主人は、一緒に住むことは、ファイナンスが合理的なこと、さらに孫の世代にも引き継げる家になること、そして何より、一所《ひとところ》で助け合って生きていく方が、親や妻や子供にとっても良いと言いました。

自分は会社が精いっぱいで自己資金が十分ではなく、ほとんどがローンになるが、その分みんなが好きな家を建ててくださいと、最大限にリーダーシップを発揮したことで、計画は前に進みました。

ただ、話にでた奥さんのお姉さん夫婦ですが、彼らは別のエリアに賃貸物件を借りて住むことにしました。理由は、まだ数年以上先ではないと、住みたいエリアが決まらないためです。今はお姉さん夫婦（二人とも企業で勤務）の職場が、一時的に県をまたいで離れているので、その仕事状況を見ながら、将来的に自分たちで家づくりを行うことになりました。

もう一人、ご主人のお母様も一緒に住むことになりました。これは当初予定にありませんでしたが、親族全員が快諾しました。こうして建築と不動産の両方をサポートする過程で、親族全員の不動産に関われたことに、とても感謝しています。

ファイナンスフェーズと不動産フェーズを同時に解決する

こうして3世帯・8人で住むことになりました。懸案の分け方は？

色んなエリアの土地を見ました。東京でも、今住んでいる墨田区・さらに大田区・西へ三鷹市等。しかし最終的には、神奈川県横浜市の「たまプラーザ」からバスで10分ほど行った住宅街になりました。

実は家族の誰もこの場所には縁もゆかりもなかったのですが、建築家と不動産コンサルが検討し、提案しました。夫婦は子育て環境として「閑静な住宅街」を望んでいました。親族全体で無理のない価格、職場までの距離、駅の雰囲気、住環境。バランスと優先順位が大事です。それらを総合した所、不動産の感覚的な勘ですが、この辺りが良いだろうと思ったのです。

そして図のような、三方道路に面する150㎡の土地に行きつきました。建蔽率50％（角地緩和で60％）。容積率100％。つまり全員で150㎡の建物床面積を分割することになります。ロフト等で面積に含めなくても良い収納面積を駆使すれば、しっかり面積は取れるはずです。

さて世帯をどのように分けるか。ここまでの話し合いで、2棟建物を建てるのはコスト的に条件に沿わないことが分かりました。2棟並んだ建売住宅を両方購入した場合のコスト比較もしましたが、仲介手数料や不動産会社の利益分が倍になり、やはり無駄が多いことが分かりました。ではタウンハウスのように連棟にするか、上下に積み重ねるか、立体的に混ぜるか。

結局は何と、生活時間帯が異なるため出入口が複数ありながら、家の中でつながっている住宅になりました。どちらかと言うと、分けない一つの住宅です。分け方を工夫することで共同生活を実現しようと、家族も建築家も不動産コンサルも、多数の分割案を考えたのですが、みんなでワイワイ楽しく打合せを積み重ねていくうちに、そもそも分割する意味が薄まってきたのです。

当たり前でベストの結論にたどり着くまでに、その他のたくさんの選択肢を検討することは、意味があります。もともと「分けたい」というのは全員の認識でした。日常生活も、動線も、お金も、面積も。しかし途中からその距離感に、違和感が生じたのかも知れません。検討していくうちに、結局この親しい親族は、本質的に一緒に住む選択をしました。それはとても素敵な選択だと思いました。もちろん白須さんは、将来的に分割することもできるようにも考えてくれました。

「建築と不動産のあいだ」にある建て主の利益やメリットは、一つのケーススタディに複数あります。このケーススタディでもそうですが、その中でも最大の「建築と不動産のあいだ」でつかんだこと、建て

3世帯の家族のための設計

主の利益は、この一緒につながった住み方を、R（不動産）フェーズで家族が自分たちで創ったことだと思います。

世間一般では、建築家と不動産コンサルが、常にビジョン(V)フェーズからサポートすることはあまりありません。一般的には、具体的な土地を決めてから、建築家に相談に行くプロセスです。

もしかしたら今回も、夫婦だけで小さな土地を購入し、建築家に設計を依頼するような、別のストーリーもあったと思います。また二世帯で住む土地を親子で話し合い購入しますが、その後建築家に設計を依頼し、あくまで分けることを大前提に設計が進んだかも知れません。今回の場合は、色んな土地で、6か月以上、「複数世帯の住み方」を皆でじっくり想像して結論（一緒に住む＝分けない）を出し、その上でそれが可能な土地を購入

ついに見つけたぴったりの土地。ここで3世帯の住み方をデザインする（©創造系不動産）

しました。

これが「建築と不動産のあいだ」の可能性だと思います。この土地で一緒に住もうと考えてから、長い道のりのようでしたが、決めるべきことを後回しにせず、全員で打合せしてきました。土地購入の決断の時です。

決断した後は、「申込み」「契約」「銀行本審査」「金消契約」「決済」（44頁参照）を創造系不動産が最速でサポートします。他の購入希望者より早く、できる限り交渉し、しっかり不動産物件の調査・説明をします。全員が「この土地を買えるのだろうか」と心配しながらも、無事に土地を取得することができました。

家族関係を空間に落とし込む

デザイン(D)フェーズで現れた3世帯を包む屋根の形。言葉にうまく言い表せない親族の人間関係や感情も、既に建築家の白須さんは、この段階でかなり理解しています。なぜなら、【V→F→R】フェーズに、一緒に時間をかけて格闘してきたからです。

V＝みんなで一緒に住む、F＝親族に関わる全てのFを解く、R＝三方道路で住宅内部でつながることができる土地。これらを盛り込んだ案が、いきなり平面図（プラン）として提示されました。そのままデザイン(D)フェーズに入りますが、もちろん、多世帯住宅（多数の建て主の要望を平面にまとめる）は、簡単ではありません。建築家を中心に長い打合せが始まります。

実際のデザインプロセスは本書では省略しますが、家づくりの本番は、このデザイン(D)フェーズです。しかし私は、Rフェーズ辺りから、多数の意見をまとめる（またはまとまらないポイントを探る）のは、本当にやりがいがある仕事だと思いました。

白須さんも、まちづくりの現場で住民の合意形成のお手伝いをされた経験があります。また創造系不動産も、分譲マンションの建て替えコンサルティングをしています。そんなメンバーが集まっての住宅計画でしたが、とても勉強になったプロジェクトでした。

工期が厳しいが、皆で協力

そしてデザイン(D)フェーズから、コンストラクション(C)フェーズへ進んだ頃、ここがなかなか順調には進みませんでした。２０１４年の４月、

工事現場で各種打合せをする、建て主・建築家・工務店・創造系不動産（©創造系不動産）

消費税が8％に増税されました。その直前の駆け込み需要が原因で、工務店探し、予算調整が難航したのです。

　そのためコンストラクション（C）フェーズでは、建築家とともに、創造系不動産も現場定例に何度も参加しました。何とか工務店とは契約できましたが、人材不足、材料不足の解消は一筋縄ではいきません。とにかく全員で力を合わせようと努力しました。建て主にも最大限協力していただき、定例には子供たちみんなと来てくれました。

　そして何とか柱が建ち、上棟し、住宅の骨格ができました。屋根が覆い、外壁が張られ、3世帯分の白い外観が建ち現われました。この建物の特徴は、大きな三角屋根です。【V→F→R】フェーズを読み解きながら、白須さんがイメージしたのは、大家族の象徴のように、「いえ」の形をみんな

完成した3世帯の家の外観。全体を包む大きな三角屋根（©白須寛規）

に分かりやすく見せてあげたいということでした。最寄りの駅から家にたどり着くまでに、三角屋根の外観が見え、「ただいま」という気持ちになるような、そんな思いを込めたデザインです。

そんな中で、クライアントと創造系不動産は、完成に向けてのマネジメントを始めます（96〜98頁参照）。

・銀行と最終融資の打合せと金消契約
・土地家屋調査士へ表示登記の依頼
・司法書士に追加担保の設定の依頼
・建築完了検査取得後の各種段取り
・不動産取得税の減免の手続き

建築家の設計監理業務の背景で、建て主にはたくさんの手続きが必要です。これら全て工事スケジュールと連動していますので（例えば完了検査済証を取得してからでないと、登記や融資はでき

子世帯のリビングルーム。三角の高い天井とトップライト（© Satoshi Shigeta）

ご主人の隠れ家のような書斎（© Satoshi Shigeta）

ない）粛々と進めていくことになります。

皆で一緒に住む

長い工事を経て建物は竣工し、三つの世帯を、家族は行き来して一緒に暮らしています。

「私が朝起きると、全員集合して、お茶を飲んでいるんですよ」と笑うご主人を見ると、紆余曲折ありましたが、きっと、ビジョン(V)の「みんなで一緒に住む」は達成されたのではないかと思います。

室内は、高さ方向の視線の移動が楽しい空間です。中庭、吹き抜け、屋根裏、多種多様な空間が散りばめられています。白須さんの建築的な特徴でもありますが、私は賑やかな8人家族がいて、多様な空間がある、実際の面積よりも広く楽しく感じる家ができたと、納得しました。

どうかご家族8人が一緒に、末永く幸せに暮らしていくことができるよう、お祈りしています。

またわずらわしく聞こえるかも知れませんが、ファイナンス(F)フェーズでコミットした預貯金計画を、毎年実行していくことを、忘れないようにしてください。波があっても良いですから、夫婦の方向性を毎年確認してください。

住宅空間を満喫しながら、より良い資産形成を行っていくことが、建築不動産フローのマネジメント(M)フェーズでの、建て主の大事な仕事ですから。将来それが達成されて、初めて「良い家づくりだった」と言えるのではないでしょうか。

ケーススタディ3

建築家コラム

▽建築家から見た、家の不動産的実践

住宅の仕事で土地探しからお供させていただく機会はめったにありません。ファイナンスや土地の資産的な配分等、住宅を建てる前提となる背景に、建築プランづくりを並走させることで、建て主には、より具体的にそこでの生活を想像していただけたと思います。設計段階では、数十年というスパンを視野に入れた話し合いができました。

家族それぞれが家の中でどのように動くか、どのような関係を望むか、子どもが家を出て家族構成が変わった後をどう使うか等、具体的に、真剣に話すことができました。一般的な家づくりは、部屋数、帖数、外壁や壁紙の色、設備の種類、取っ手の形を選ぶ作業が主になりますが、「家の実践的な価値」は本当は違うレイヤーにあるのです。そこを手探りしながら、建て主と探求できたことは、まさに不動産的な視点から設計を始められたからだと思います。

▽家のコンセプト

三角屋根の家は、3世帯のための住宅です。核家族の住宅に比べ、家族や間取りの変化に対し、より柔軟な対応が求められます。同時に暮らし方が変わっても、何気ない日常のふとした瞬間に家が住む人に語りかけてくれるような設計を心掛けました。

例えば身体性を伴った建築の小さなエレメントを、住宅の中にちりばめます。アーチ、大きなヴォイド、大開口、高い位置にある窓、部屋に囲まれた中庭、独立柱、縦に連続する空間、大きな本棚、室内の窓。これらは必ずしも機能的な目的だけでつくられていません。エレメントは空間に濃淡をもたらし、表情を持つことで日常にささやかな彩りを与えてくれています。

建築家・白須寛規

ケーススタディ4

『クリエイティブに分筆線を引け！』〜建築的価値と不動産的価値の両方を考えた分筆〜

東京都渋谷区と言えば繁華街やビルをイメージしますが、これは渋谷区でも閑静な住宅街でのプロジェクトです。１００坪の土地に、母親とその息子家族（A）と母親の弟の家族（B）がそれぞれ家を持ち住んでいます。

Aの息子である30代、会社勤務の建て主と、建築家から相談を受けました。

「Aの家が古くなったので、新しい家に建て替えたい。しかしBの叔父家族の家も同じように築年数が古くなっているので、建て替えを希望している。一緒に大きな建物を建て替える案も出ているが、話し合いがまとまらず具体的には進んでいない。建築的には色々アイデアはあるが、不動産的な部分に鍵があるように思う」。

ちなみに土地の所有者は全て母親で、その土地上に親族が協力してそれぞれの家を建て暮らしています。

Aは建て替えたいのですが、Bの計画も合わせて考えると、計画は途端に複雑になります。

できれば親族皆にメリットがある計画にしたい。建築的、不動産的に考えて、どのような選択肢があるか。それぞれが建て替える、一緒に暮らすための大きな家を建てる、一部土地を売却し建築資金に充てる、一部土地を売却し片方が分かれて暮らす、建て替えずリフォームする。選択肢は無数にありますが、そもそも双方のファイナンスはどう考えるべきでしょうか？

権利関係はどうなるのでしょうか？

親族が集まって住む。核家族で暮らした私には楽しそうで、羨ましい気がします。しかしどのように住むか、またその手順は、どのように考えれば良いでしょうか？

話し合いの場で答えを見つける

建築家と不動産コンサルが協力すると、建て主により貢献できるかも知れない。そう気づくきっかけになった、建築家の木下昌大さんとのケーススタディ1（109頁参照）が完成

問：AとBをどのように建て替えますか？

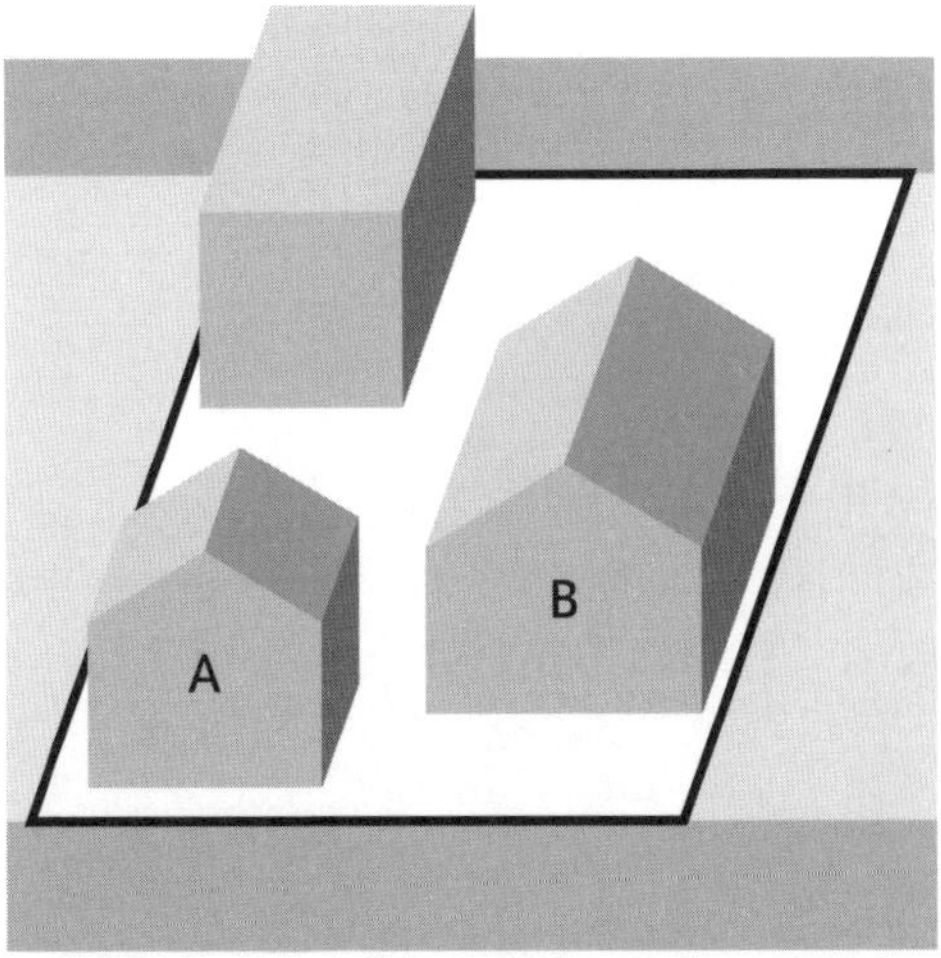

してから、1年が経過し、創造系不動産を創業した頃でした。今回は難しい案件だと思いましたが、両方の親族にとってベストな解決案が見つかって、またクリエイティブな住宅ができあがれば面白い、とお引き受けしました。

敷地に一つ、または複数の建築を計画するアイデアは尽きませんが、しかし思った以上に、話を前に進めるのは難しいのです。ですから、建て替えを前提にせず、建築家と不動産コンサルによる建築不動産フローに沿って、まずはビジョン(V)から進めます。

こういうケースは、建築家や不動産コンサルだけではなく、弁護士や司法書士といった法律家の力を借りることが多く、後々税理士や金融機関の協力を得て、お金の道筋を固めることも必要になります。

そうした専門家の力を借りられるのだから、建て主と建築家と不動産コンサルは臆せず、最初からきっちりと当事者同士の話し合いを企画します。そして建築家の木下さんからは敷地や既存建物の状況を、不動産コンサルの私からは権利や資産の状況を、分かりやすく全員に説明します。

いくら親しい親族でも、片方が建て替える、もしくは片方が引っ越すとなれば、突き詰めていくとどちらかの不利益につながるかも知れません。その可能性があるのであれば、当然、親は家族を守るために、保守的にもなれば、遠慮もします。この種のプロジェクトが、何年も停滞することがあるのは、それが原因です。今回も場合によっては、進めないことがベターということになるかも知れません。

ですが双方のお話を聞くなかで、このプロジェクトのビジョン(V)は意外に早く定まりました。これは

B家族の30代の娘、つまり最初に相談を持ち掛けてこられたA家族の建て主のいとこに当たる娘が言った、「住み慣れたこの地にずっと住んでいたい。だから古い家を建て替えたい」という自然な一言でしたが、強い思いも込められていました。兄弟のように育ったA家族の建て主も、「確かにそうだ」と同感しました。

しかし親世代には心配事がありました。それは「相続」です。60代になり、今は元気だが、これから建てる家の寿命より、自分たちが死ぬ方が早いかも知れません。だから子供たちにどう残したいかを考える必要があります。色々考えなければならないことはあります。しかし親世代の英断は、これから先、どう暮らしていくかは、長く住む30代の子供世代の問題だと、彼らに委ねたことでした。

そこで、このプロジェクトのビジョン(V)は「双方がこの地で住宅を建て替える。ただし、さらに次の代にはお互いの状態を配慮し合い、また話し合う」ということになりました。現在の土地は、Aの母親が全て所有していますが、その上にAの息子と、Bの弟が無償で建てることをあらためて認める方法です(使用貸借と言います)。

この方法は全ての人が賛成する方法ではありません。反対する立場の方もいます。親族の状況にもよるでしょう。例えば、金融機関は、権利関係が不明確になるという理由で、強く反対しました。それはある意味では理にかなっていると思います。

しかし不動産コンサルタントの立場からは、メリットとデメリットをしっかり開示し、理解した上で、親族が助け合いながらより良い人間関係と資産形成を、そしてより良い住空間をデザインでき、それが親族関係により良く寄与するのであれば、建て主のビジョンに協力したい、そう強く思いました。

しかしファイナンス(F)はどうなるでしょう。お金の計画です。

住宅ローンだけではなく、収入のあり方を考える

Fフェーズは、Vフェーズに則り、どのようにすればそれが実現するかを考えます。今回は、双方が住宅ローンを借りることになりました。一般的に宅建業者は、その建て主の自己資金や収入によって、借入の妥当性を考えつつ、複数の金融機関に相談することができます。

今回もAB双方の資金状況から、複数の銀行に相談しました。双方の計画には、一部賃貸部分をつくることを検討していました。これを賃貸併用住宅と言います。つまり賃貸収入を計画したのです。これらも含めて、有利なローンを比較検討しました。結果、それぞれ別の金融機関で、片方は固定金利で、片方は変動金利で借りる方向性が見えてきました(31頁注釈参照)。

ちなみに賃貸併用住宅は、このケーススタディに限らず、相談の多い建て方の一つです。全体に対する割合は、2割程度ですが、建て主の、家とお金に対する考え方が、変化しているのだろうと思います。

「相続で受けついだ土地に、相続税対策のためにアパート事業を行いましょう」、というようなケースではなく、「もっと小さな投資、家+αの試み」です。住むことに不動産投資が組み込まれています。家賃収入が住宅ローン返済を軽減してくれる形と言えば分かりやすいでしょうか。

こうした発想は、新中間層の建て主に多いと思います。仕事とは別の収入をつくりたい、収入の面で、勤め先に依存しない、そんな自立した考え方がベースにあると思います。

不動産投資である以上、その収益部分の事業的見通し、計画性が重要ですが、ただ収支のことだけを考えた計画は、うまくいきません。最近は不動産投資を薦める書籍があふれていますが、これらの言う通りやっても失敗することが多いと思います。比較的最近までは、ステレオタイプな不動産投資戦術（ワンルーム賃貸が賃料坪単価も高く利回りも高いとか、空室率の面でもリスクが低いとか）が横行していましたが、2007年のサブプライム問題に端を発する08年のリーマンショック、世界同時不況を境に、日本では急速に、不動産投資自体の見直しが行われるようになりました。

日本においては、これまでは人口が増加していた時代だったからこそ、そうした不動産投資戦術が有効でした。しかしこれからはもしかしたら、都心部においても空室が目立ち、家賃も下落するかも知れません。つまりこれからの不動産投資は、より一般論が通用しなくなり、物件ごと、建て主ごとの、多様な空間とサービスのアイデアが必要になってくるはずです。

また「デザイナーズ物件」という言葉も流行りましたが、これもあまり過信するのは得策ではありません。あくまで、不動産業界やつくり手側のキャッチコピーです。賃貸物件に、高いデザイン性はもちろん欲しいですが、それ以上に、建築家には、どうやって将来的な空室リスクを減らせるかを一緒に考えてもらうべきでしょう。つまり、いかに高く貸すかよりも、建て主と建築家と不動産コンサルが想像力を働かせて、将来の変化に対応できる体制をつくること、それが賃貸併用住宅を企画する醍醐味です。

今回、建築家の木下昌大さんがファイナンス(F)フェーズで検討したのは、コインパーキングと賃貸住宅でした。実はこの賃貸住宅は、将来、クライアントが独立して事務所をつくることもできるようにつくられています。クライアントは会社勤めですが、インハウスデザイナーですので、独立の可能性は十分にあります。もし将来、賃貸住宅で十分な家賃が取れない、または空室が目立つようになれば、自ら使用するか、自分の仕事に関連する人に安く提供すれば、相乗効果でやりがいがでる、そんなVとFが絡み合うアイデアを考えてもらいました。

建築家によるクリエイティブな分筆

Fフェーズで2家族それぞれの住宅ローンを検討しましたが、その場合、この土地に分筆が必要になります。もともとは一筆《ひとふで》の上に、複数の住宅がありました。

そもそも「筆《ふで》」という言葉、あまり聞きなれないかも知れませんが、不動産登記法上の土地の単位のことです。法務局で取得できる「公図」には、連続する土地が「筆」ごとに区分されています。それぞれの筆には、住所とは別の番号が振られており、これを「地番」と言います。

これら筆ごとに所有者は分かれていますが、これらの土地をさらに分けることを分筆、合わせることを合筆と言います。一つの建物が建つ土地が、複数の筆の上に建つこともありますし、逆に一筆の土地の上に、複数の建物が建つこともあります（登記法における「筆界」と、建築基準法の確認申請における「敷地境界」とは原則的に異なる概念ですから、混同しないようにしてください）。

そして今回、分筆を行うことになる理由は、抵当権の範囲を限定するためです。ＡＢ双方が、それぞれの銀行から住宅ローンを借りられる可能性が高くなってきました。当然、土地には銀行の抵当権が設定されます。土地が1筆だと、双方の抵当権が付けられませんから、それぞれが必要とする土地の大きさを建物から逆算して、明確に土地を分筆する必要が生じたのです。つまり、賃貸部分も含めた建築のイメージを先に考え、そこから逆算するように土地の範囲（抵当権設定範囲）を定める必要があるのです。

このように、最初から土地が決まっているケースでも、不動産(R)フェーズは重要です。土地に対する、建築的価値と不動産的価値の双方を見据えて検討します。この分筆線を考えて作図するのは、本来不動産的な作業のため土地家屋調査士（測量士）なのですが、今回は木下昌大さんが担当しました。

理由の一つは、それぞれが求める住宅の形や規模を先にある程度想定する必要があること。もう一つは、Rフェーズ辺りから、ＡＢ双方の意見で、住宅を建てる位置を現在と入れ替えるという案が出ていたため、完成後の建物位置が様変わりする可能性がでてきたからです。

これは私にとっても初めてのケースですが、考えてみると、建築家が自由に2棟の境界線を考えるのは面白いと思いました。普通はよっぽど広い土地でない限り、敷地の境界線はあらかじめ決まっています。分筆する場合も、分筆登記を行うのは土地家屋調査士で、その位置は不動産サイドが考えて決められていました。あらかじめ分筆され用意された土地を「敷地」として、建築家が設計を開始するのが一般的です。

木下さんが土地の文筆線を引いた今回のケースは面白いことになりそうだと感じました。建築家は「敷地」概念に縛られず設計できるかも知れない。小さなことかも知れませんが、「建築と不動産のあいだ」からクライアントをサポートすることで、少しずつ新しい可能性が生まれてきます。

ABが場所を入れ替える理由は単純に、小さかったAの家は家族が増えたので広くする必要があるためで、Bの家は逆に小さくなります。木下さんが検討した分筆ラインは、お互いの専有面積をフェアに分けつつ、双方の住宅が、南北それぞれの道路に面する（避難等でも利用できる）ものでした。

併行して、創造系不動産はABそれぞれの住宅ローンの手続きをしつつ、さらに使用貸

AとBが場所を入れ替える計画案

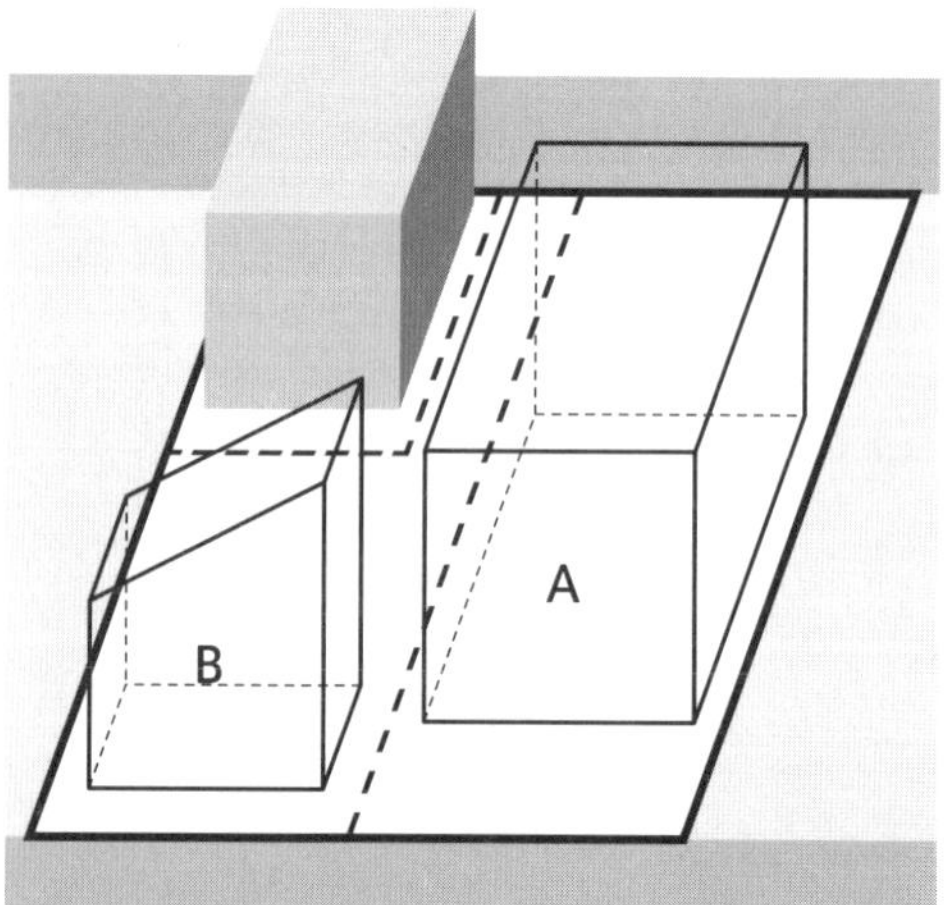

借契約の締結に向けて法律の専門家に依頼する等、準備を進めました。

このケースを可能にしたのは、最終的には親族間の信頼関係です。もしどこかのタイミングで、どちらかが、相手を考えない主張をし、譲らなかったとしたら、きっと建築計画自体が頓挫していたでしょう。

賃貸併用住宅のデザイン

親族間の使用貸借契約が締結された後、木下さんは予定通り、Aの住宅の設計を始めました。これまでと同様、この段階で建築家には、たくさんのV・F・Rの情報がインプットされています。ここから先は、グラフィック系のデザイナーである建て主と、建築家のキャッチボールです。今までの長い調整で溜まったアイデアが堰を切ったように、あふれだしました。

二世帯住宅＋40㎡程度の賃貸部分を持つ賃貸併用住宅、このプログラムは建築家がV・F・Rフェーズに一貫性して立ち会ったことでたどり着いたものでした。透明なキューブを立体的に分割するように、空間がしきられていきます。部分的には吹き抜けになりました。また将来に床を増やせるように計画され、親子世帯は空間的につながって暮らせるように設計されています。

建て主から建築家に、「最終的に自分で色々ものを飾ったり、インテリアに手を加えるかも知れない」というリクエストがありました。それに対して木下さんは、格子状の本棚のような壁柱が、そのまま構造になっているユニークな回答を出しました。

いよいよ建物の運用を開始する

現地では、もう一つのいとこの家は、無事完成し、順調に住み始めていました。そして木下さんが依頼された賃貸併用住宅も、ようやく竣工です。

設計事務所を通じて、完了済証は既におりています。表示登記もちょうど終わりました。あとは工務店に最後の支払いをするために、銀行からローンの実行を受けるだけ。そして引越しです。

建物前のコインパーキングは、建物とは関係なく、ずいぶん前から順調に稼働しています。賃貸部分も、創造系不動産がコンサルティングし、完成直前から募集を開始していましたが、竣工と同時に、無事申込みが入りました。

これはケーススタディの中でも、特に時間のかかったプロジェクトで、さまざまな調整を乗り越え、2年以上の月日が流れていました。しかしその2年を通し、ビジョン（V）から始まる建築不動産フローは、建築家と不動産コンサルのサポートのもと、一貫性を持ってゴールしたのではないかと思います。

木下さんが設計した住宅に入ると、スケールの大きな室内空間が広がっています。空間構成は明快です。直方体の空間が、積み上げられ並んでいるだけ、良い意味で肩の力が抜けたラフな印象で、これからどうとでも間取りの変更ができそうです。

また木造の壁柱によりできているたくさんの収納スペースには、おそらく間もなく、本や雑誌、テレビやオーディオ、アートや雑貨が所狭しと置かれるのではないでしょうか。木下さんが名付けた Ware-

上：夜景。手前にコインパーキング、１階に賃貸住宅、２～３階に２世帯住宅（©堀田貞雄）
下：室内。木の構造フレームが棚になり、自由にレイアウトできる（©堀田貞雄）

室内。天井の高い吹き抜け空間は、2世帯をつなぐ場所（©堀田貞雄）

Houseという名称も、なるほど、グーグルで画像検索すれば合点がいきました。「色々なものを整然と収納する倉庫」というようなイメージなのでしょうか。

振り返ると、お金の話をたくさんしたプロジェクトでした。他のケーススタディ以上に、ビジョン設定から、相続対策、固定資産税、土地の分割や利用、2家族のローン審査や、設計期間中も賃貸併用住宅案の検討等、建築家と不動産コンサルは、いつになくお金のことを考えました。

しかし考えてみると、どの建築プロジェクトにも、こうしたお金の話は、切っても切れないものです。その詰めが十分でないと、疑問が生じ、形も変わり、何よりプロジェクトが前に進まなかったでしょう。

しかしこの伸び伸びとした空間にいると、お金についてやり残したことがないような気がします。だからこそ生き生きとし、不自由さが全くありません。1章でお金を学ぶ理由について「正しく適切にお金とデザインの関係を知ること」と言いました。この空間は、建て主がそれをつかみ、不安からではなく、自由にやりたいことを選択した結果なのだと思います。理想的な状況だと思いました。

ケーススタディ4

建築家コラム

▽お金の流れを設計する

プロジェクトは、複雑に絡み合った土地の所有権や相続の問題、それに伴うファイナンスを解きほぐす所から始まりました。建て主にとって理想の住まいとはどういうものかを、問題と関係づけ、クリアにしながらシュミレーションしていきます。

建物は建てるにも維持するにもお金がかかります。仮に自らお金を生み出す建物だったら、日当たりの良い土地に根付いた木々のように周囲の環境を栄養にして育っていくのでは？　お金のプロでもある創造系不動産との協働により、住人の生活に寄り添い自給自足する建物が可能であると気づいたのです。

▽ライフスタイルに追従する住宅

大通りから少し入った戸建住宅やマンション、オフィスが混在するエリアに建つ、賃貸併用の2世帯住宅。親の代から引き継がれた敷地は2世帯で住むには広い。南北2面で道路に面する敷地を最大限活用するべく、建物を北側に寄せ、南側に3台分のコインパーキングと地下の賃貸住宅へのアプローチを確保しました。それらの賃料収入で、建設費と維持費、さらに将来の増改築の費用が賄われます。この建物は生物のように、自ら成長し生き続けるためのシステムが組み込まれているのです。

このシステムをより効果的に機能させるために、オーナー住戸内にも家族構成の変化に追随可能な構成を導入しました。南北に抜ける風と光を最大限に活用するために、南北方向に壁柱を並べ、その壁柱間に収納を設け、収納間のスペースが居室となります。収納されるモノとの関係でそのスペースの役割が決まるため、モノが入れ替われば、場所の用途も変わる、そんなフレキシブルな構成を考えました。

建築家・木下昌大

座談会

次世代に受け継がれる家づくり

建て主（ご主人）
建築家（木下昌大）
創造系不動産　高橋寿太郎

図面には目に見えない多様な要素

高橋―初めてお会いしてから、2年がかりの家づくりでしたが、ご自身も大手企業に勤めるインハウスデザイナーとして、建築家とのコラボレーションはいかがでしたか？

ご主人―私は、映像やグラフィック、言わば2次元の人ですから、図面やスケッチは分かりましたが3次元で表現される建築は難しいです。

左から、創造系不動産・高橋氏、建て主、建築家・木下昌大氏（©創造系不動産）

木下さんには『PEN』や『カーサ・ブルータス』『商店建築』等の雑誌を見て、こんな感じが良いと伝えました。

でもあくまで2次元のイメージですから、光や風や色んな条件があって、こんな家ができると想像することは、私たちには無理でした。

高橋――平面図（間取り図）、展開図、また模型やスケッチと、色んな手段を使って建築家は建て主に案を伝えるわけですが、実際は最後までなかなか分からないということですよね。

ご主人――ああしたい、こうしたいというイメージはあるし、図面も相当読み込みましたけど、どう完成するかは、今から思うとびっくりするほど分かっていませんでした。

木下――僕たちは、白紙の上にではなく、たくさんの与条件の上に考えていくことになります。「周辺環境はどうか」「2方向に面する道路からどうアプローチするか」「光や空気の流れはどうか」「耐震強度や建築基準法上の制限」、それを経験と技術で最適化していくのですが、今回はさらに、創造系不動産とのコラボレーションの中で、「土地分割の可能性」や「前面のコインパーキングの配置」「1階の賃貸住宅部分の収益性は」といったことまで、多種多様な要素が関係してきました。

不動産コンサルとの打合せ――権利やお金に向き合う大切さを知る

ご主人――僕たちからすると、構想段階から建築家と不動産コンサルのお二人がいてくれて本当に助かりました。

最初は漠然と、いつかは土地を分けなければならないのかな、くらいにしか考えていなかったんです。建て替えの話が出た時も、土地や建物の所有権がどうとかなんて、考えていませんでした。長年、私たち家族と、隣の叔父家族の親族で住んで来た土地だからこそ、そういう所有権感覚が薄くなっていたのかも知れませんね。

母とは「一つの大きな建物に、親族みんなで一緒に住むべきなのか、複数に分けるべきか」を考えたりしましたが、とにかく誰に相談して良いか分からなかったのです。

高橋さんが権利関係の調査をして、親族みんなが足並みを揃えてプロジェクトに向き合った時、所有権やお金の問題をきちんと考えないと、誰かが損をしてしまうし、住宅ローンも借りられない…そんな現実を、教えられました。

建築家と不動産コンサルのコラボレーション

高橋―分筆のラインは木下さんに考えてもらいました。親族が半分に分けられて、金融機関の抵当権範囲が限定でき、さらに将来あり得る相続を考えて。通常、分筆は不動産サイドが行う作業ですが、建築家の立場からされていかがでした?

木下―新鮮でした。境界という最初の条件自体をルールとしてデザインする作業は刺激的でした。今、建築の仕事は枠組みづくりから関わる方向にどんどん変化していると思いますね。土地の境界に限らずどういう条件をデザインするか。そこでは、建築家が不動産やファイナンスを最初の条件に積極的に取り込むかどうかも問われます。

高橋―それは建築不動産フローのFフェーズのことですよね。つまり、中長期的な貯金や保有資産のバランスを考えるという。

木下―それを考えればつくり方も変わります。将来要るか要らないか分からないものは、要る時につくれるようにしておくけれど、今はつくらない、という判断をすることになります。もちろん、後での変更が可能な資力がいつ想定できるのかも前もって考えるのがFフェーズです。自然と時間軸に沿って考えるようになっています。

建築不動産フローの実際

高橋―それは、その他の与条件に、V（ビジョン）、F（ファイナンス）、R（不動産）という次元の異なるものが別々に見えている感じですか？　それともフラットに見えている感じですか？

木下―フラットに考えられるようになってきた、という感じでしょうか。でもV、F、Rを、大学教育では習いません。大学で学ぶ建築には、技術的な点から、思想・哲学的なものも含めて常に内在するテーマがあります。でもそういうテーマに回答するだけでは、共感を得られない時代だと思います。建築不動産フローのつくり方は、お金や不動産等の外在的な条件を拾いやすいし、それが求められる社会になってきているんじゃないかな。

今や多種多様な価値観があって、一方向にはまとまらない。外在する条件も無数のバリエーションがあります。そこにもっと敏感に反応することで、よりクリエイティブなつくり方ができる。

高橋―土地を分筆する作業も、その一つだったのでしょうか。正直、当初は私がやろうかなと思っていたんです。私がCADで土地を分割し、土地家屋調査士とやり取りする作業は、相当数やっています。でも私がやるより、Rフェーズから建築家に参加してもらうのが「建築不動産フロー」です。木下さんにお願いした方がトータルで良い結果になりそうな期待がありました。結果、私の発想とは少し違う分け方が生まれました。

そして肝心の住み心地は

ご主人｜この家は、住みやすさとは別の評価軸で、「クリエイトしやすい」んですね。

　僕からは例えば「できるだけフラットなデザイン」とか「もっと立体的な固形のデザイン」みたいなお願いはせず、ただ漠然としたイメージを伝えただけでした。結果、この木造の大きな棚が連続する感じの家ができて、僕はどんどん模型や絵やアートや本を、レイアウトしていくんです。キッチンはこう、リビングはこう。自分の使いやすいように、クリエイトできる。

高橋｜それは完成した後の話ですか？　それとも設計中の打合せでのことですか？

ご主人｜完成した後の話です。設計中のことを思い返すと、リビングやトイレの位置は自然に決まりました。そこは無理せず、日本に住む自然な感覚で、できるだけ定型フォーマットに沿って間取りをつくってもらいました。例えばリビングの真ん前にはトイレは来ないし、寝室の隣に玄関は来ない。そんな普通の感じです。

　でもその中で、棚の配置については、自分のクリエイティブな領域ですから、絵や本をどんどん置きやすいように、自分らしい差別化された感じに凝りたいし、凝れるようになっています。

賃貸併用戸建住宅の可能性

高橋｜今回は、賃貸部分をつくることになっていました。1階の賃貸住居に加え、3台のコインパーキングがあります。コインパーキングという不動産コンサル的なアイデアは木下さんからの提案でしたが（笑）。実際に不動産オーナーになって、「住みながら貸す」感じはいかがですか？

ご主人―違和感はないですね。大きなマンションならともかく、この木造の住宅で、プラス賃貸部分が一戸であれば、「ご近所さん」って感じです。

高橋―それは良かったです。創造系不動産のお客さんにも、若い方で賃貸併用住宅を希望される方は結構いらっしゃいます。住むことと、働くこと、それにお金の感覚が、最近の若い世代の間で変わってきているんじゃないかと思います。2年以上前に検討を始めた当初は、親族全員が一緒に暮らせて、さらに賃貸部分もあるマンションタイプの比較的大規模案もあったじゃないですか。

ご主人―いざやってみると、こっちの方が良かったです。不動産投資的に賃料収入だけ考えると、もちろん大きなマンション一棟のオーナーになった方が、利益は大きいですよね？ でも不特定多数の人が自分の建物に住むことを考えると、それは僕たちがやりたいことではなかった。これくらいの規模感で、「賃貸部分を持つことも悪くないな」と思える、そんな感じが良かったと思います。

高橋―賃料収入による利益の点で言うと、一般的には大きな建物を建てた方が良いでしょうね。ディベロッパーの論理と同じで、特に都心では、事業用の不動産（マンションやオフィスビル）の場合、計画建物の床面積をたくさん取った方が、当然、建設費よりも賃料収入が上回るので、できるだけ容積率を食い切る建物が有利とされます。ただし自宅の場合は事情が別です。

今回は、敷地面積に対して、ゆったりした建て方で、どちらかと言うと、木造でできるだけ小さな建物を目指しています。木下さんは、賃貸併用住宅のプログラムを設計してみてどうでした？

木下｜やっぱり竣工して終わりではない仕組みづくりだったような気がします。最近、設計する際に、時間軸をますます意識するようになっています。将来に連続していて、社会ともつながっていて、自律的に植物のように成長していくような感覚で建築をつくれるのではないかと思います。それは形の話だけではなくて、お金や不動産を絡めると、なお現実味を増すんです。

固定資産税的な見方をすると、どうしても、建物の価値は時間とともに減っていく…そんなふうに言われるのが一般的ですが、建築家としてはそうではなく、世代間でバトンを渡していけるような建物をつくりたいのです。

高橋｜まさに今回のビジョンは親の世代から子の世代へのバトンパスがテーマでしたね。住み方、考え方、将来のことを、皆で何度も話し合いました。完成し、無事に次のフェーズに進んで、私も感無量です。

ケーススタディ5

『必要な土地の広さを逆算せよ！』～郊外ならではの土地選び～

茨城県つくば市。区画整理されたニュータウンと古い集落が混在する街です。また駅周辺のスケールが大きい都市の風景と、その周辺の田園風景が両方ある街とも言えます。そこで土地を探している夫婦と建築家と不動産コンサルの定番メンバー。建て主夫婦の希望は多数ありましたが、代表的なものは以下です。

・駅から歩けること
・田園風景が広がっていること
・木の温かみを感じる家

やはり建築と不動産の両方のサポートが必要になります。建築家と不動産コンサルは、早速、エリア調査を始めましたが、奥さんがボソッと「できればで良いのですが家庭菜園なんかあったらいいのにな…」と。建築家と創造系不動産は「もちろんできますよ」と答えました。

しかしこれは、建築的な要素か、不動産的な要素か？　普段であれば聞き流していたかも知れない小さな希望でしたが、ふと引っかかっていました。

郊外の土地選びは何が違うのか

30代後半の建て主夫婦と、建築家のジェームス・ランビアーシさん、林謙太郎さんと、その紹介者である友人の建築家の夫婦、そして創造系不動産が最初に集合したのは、早速つくばの土地でした。

「知人が土地を探している」というお声掛けから、業務が始まることが多い創造系不動産ですが、会社は東京都港区にあります。基本的に業務エリアはなく、東京を中心に、神奈川、千葉、埼玉、栃木、静岡、京都、大阪、福島、愛知と、お客さんに合わせた業務コンサルティングを行います。私がもともと設計事務所に勤務していたからか、それほど違和感はありません。

今回も、茨城県つくば市で土地を探している知人がいます、と、ランビアーシ&林事務所から連絡があり、では一緒に建て主をサポートしましょうと、つくば市でお会いしました。

なぜつくば市なのかというと、都内の大手企業にお勤めのご主人ですが、あまり都心に近過ぎるのは苦手だからとのこと。また奥さんが信越地方出身のため、比較的田園風景に慣れ親しんでいるという希望を合わせると、たまたまTX（つくばエクスプレス）沿線を連想し、その街の雰囲気が二人にマッチした、という経緯です。

と言っても、建て主夫婦はまだつくばに住んだことはありません。つくばの住宅地は、区画整理されたニュータウンと、古い集落が混在します。また駅周辺には大型商業施設もあり都会的な郊外ですが、東京都内に比べるとゆったり田園風景も広がります。

他のそうした郊外住宅地と異なる特徴としては、大手企業の大規模研究所や国の研究機関が並び、市内の博士号取得者は7000人という国内最大の学術都市として、知的水準の高い点が挙げられます。

休日をゆっくり自然の中で暮らし、子育てをしたい

建て主夫婦からお話しを伺うなかで、彼らが持つ生活のイメージは、「休日をゆっくり自然の中で暮らし、子育てをしたい」でした。この時はまだお子さんは生まれていませんでした（建物が完成する頃にちょうど授かります）から、それはあくまで希望だったわけですが、街や土地を見ながら、夫婦のビジョンを建築家と不動産コンサルが具体的にしていきました。

また奥さんは時々京都で漆塗り工芸に従事されるため、自宅でも多少の工房のスペースが必要とのこと。なるほど、これは建築家にオーダーメイドでつくってもらった方が良いでしょう。そしておそらく結婚したばかりの夫婦の感性も、つくば市に合っていたのかも知れません。

住宅の場合は、ビジョン(V)とファイナンス(F)のフェーズを同時に行うこともありますが、今回もそうでした。今回の夫婦のお金と暮らし方の感性は、不可分だからです。

VとFの考え方には、本当にその家族の個性が出ます。今回は、ご主人は大手企業にお勤めで、奥さんは伝統工芸に従事し、ご主人は奥さんにできるだけやりたいことを自由にして欲しい。奥さんは、将来は工芸に打ち込みつつ子育てをゆったりした自然の中で十分に行いたい、そういう展望がありました。

夫婦の暮らす地域は、必然的に郊外が合っています。土地の金額については、詳しくはお話しできませ

んが、一般的にインターネットで検索しても、都内とこのエリアであれば、土地価格で言うと10分の1〜5分の1程度だと思います。

こういう暮らしであれば、収入のために必ず共働きをしなければならないことはありません。奥さんは子育てや状況に応じて働きたい時に働く暮らしができます。賢い暮らし方の一つだと思います。

まず地元の不動産会社ではなく、筑波大学を訪問する

建て主夫婦と建築家と不動産コンサルの定番メンバーは、意見交換を行いながら、数回に分けて現地の土地を訪れるのが一般的です。しかし土地を探す地域はクライアントごとにさまざまなため、創造系不動産がその場所の特性を熟知しているわけではありません。つくば市での土地取引もこの時が最初でした。

不動産会社はこういう場合、データベースから参考物件をピックアップし、また地元の不動産会社に飛び込み情報を得る、というのが定番です。今回もそうしましたが、その前に筑波大学の関連機関である都市計画系の研究所に出向き、つくばの都市計画や地区計画について質問に伺いました。都心ではあまり有効な方法ではないと思いますが、建築家の林謙太郎さんが筑波大学出身だったこともあり、たまたまご相談した方が良かったのか、エリアごとの情報が得られてきました。

・基本的に人口は増加中で、行政も増加政策をとっている
・都心に比べると販売中の土地が非常に多い（2012年当時）
・区画整理中で道路がまだ通っていない土地も多数販売されている

・民間企業だけでなく、茨城県も独自に土地を分譲販売している
・駅から離れると、家を建てられない市街化調整区域がある

これは、県が分譲販売している土地等も含め色んなエリアの土地をフラットに見て回るのが良いだろうと判断し、駅から近い土地／離れた土地、集落の土地／開発分譲中の土地、広い土地／狭い土地等、定番メンバーが一緒に15件ほどの土地を見ながら、より具体的な希望や決定的な要素を探す方法を取りました。

色んな区画や街を見ていると、土地や建物について、建て主から色んな質問や要望をいただきます。その半分以上は、土地というより建物についての質問です。

建築不動産フローでは、土地(R)フェーズに建築家が参加しているので、建築家に答えてもらいます。その夫婦がどういう価値観を持っていて、どういう街並みやデザイン、雰囲気が好きなのか、また嫌いなのかが分かってきます。同じものをたくさん見る、というだけでも、意味あるフェーズなのです。

そしてそのなかで奥さんから「できれば、で良いのですが家庭菜園なんかあったらいいな…」と。「もちろんできますよ」と答えましたが、その段階ではそれがそれほど大きな要望とは捉えていませんでした。ご夫婦自身も、付加的な希望のようにおっしゃいました。

土地フェーズから建築を考えれば、建て主の潜在的欲求に応えられるかも知れない

しかしよく考えると、奥さんは地方出身で実家は兼業農家。家庭菜園といっても、都会でイメージするような余った隅っこで行うものではないのでは。林さんがふとそう思い確認してみると、やはり奥さんが

必要な諸機能の面積バランス

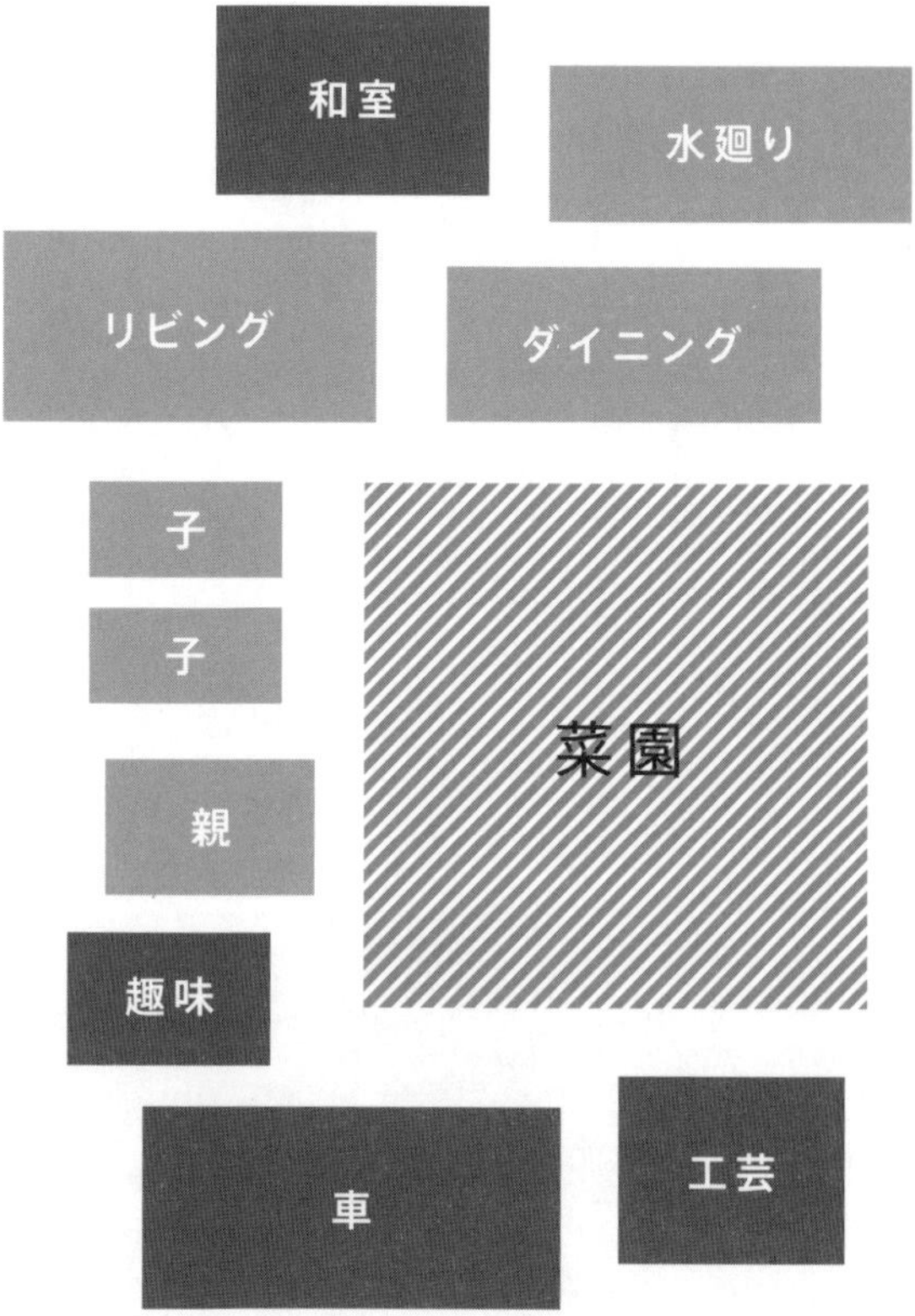

求めていた菜園は例えば住宅に求められるリビングダイニング、ベッドルーム、水回り…のどれよりも大きな面積（40～60㎡）の菜園でした。また確かにこの地域なら、そんなに的外れな要望ではなく、その分広い土地を買ったからと言って、金額が大きく変わるわけではありません。

そうとなったら、確実にその面積も計算に入れて探さなければいけません。単純計算すると、家の建築面積が60㎡とし、建ぺい率が40%だとして、逆算すると１５０㎡（約45坪）の土地があれば、住宅は建ち、残りのエリアに家庭菜園を設けることが可能です。

さらに、しっかりした60㎡の菜園をつくるには配置図を書いてみると一目瞭然ですが、２００㎡程度の土地はあるべきです。間違って一回り小さい土地を検討しないように、皆で意識合わせを行いました。そして建て主は最終的に、「住宅と菜園」がバランス良く配置できる土地を得ることができました。

聞き逃していたかも知れない要望に、土地探しの段階で建築家が気づいた

このケーススタディの「建築と不動産のあいだ」にあるポイントは、普段なら聞き逃していたかも知れない土地の要望に建築家が気づいた

予定通り完成した菜園で野菜を収穫する建て主（©創造系不動産）

ことだと思います。最初は「おまけ」のような位置づけだった菜園ですが、完成した後は住宅の一つの顔として位置付けられました。実家からお父さんが来られ、農業のプロの手によって、トマトやキュウリの苗の植え付けや支柱が一瞬で設けられることになります。

さらに土地(R)フェーズで、もう一つ大切な建築と不動産のあいだのポイントがありました。区画分譲開発されている複数の土地がある場合、どの土地を選ぶのが良いかという問題です。今回は図のような分譲地でした。

問：どの土地を選びますか？

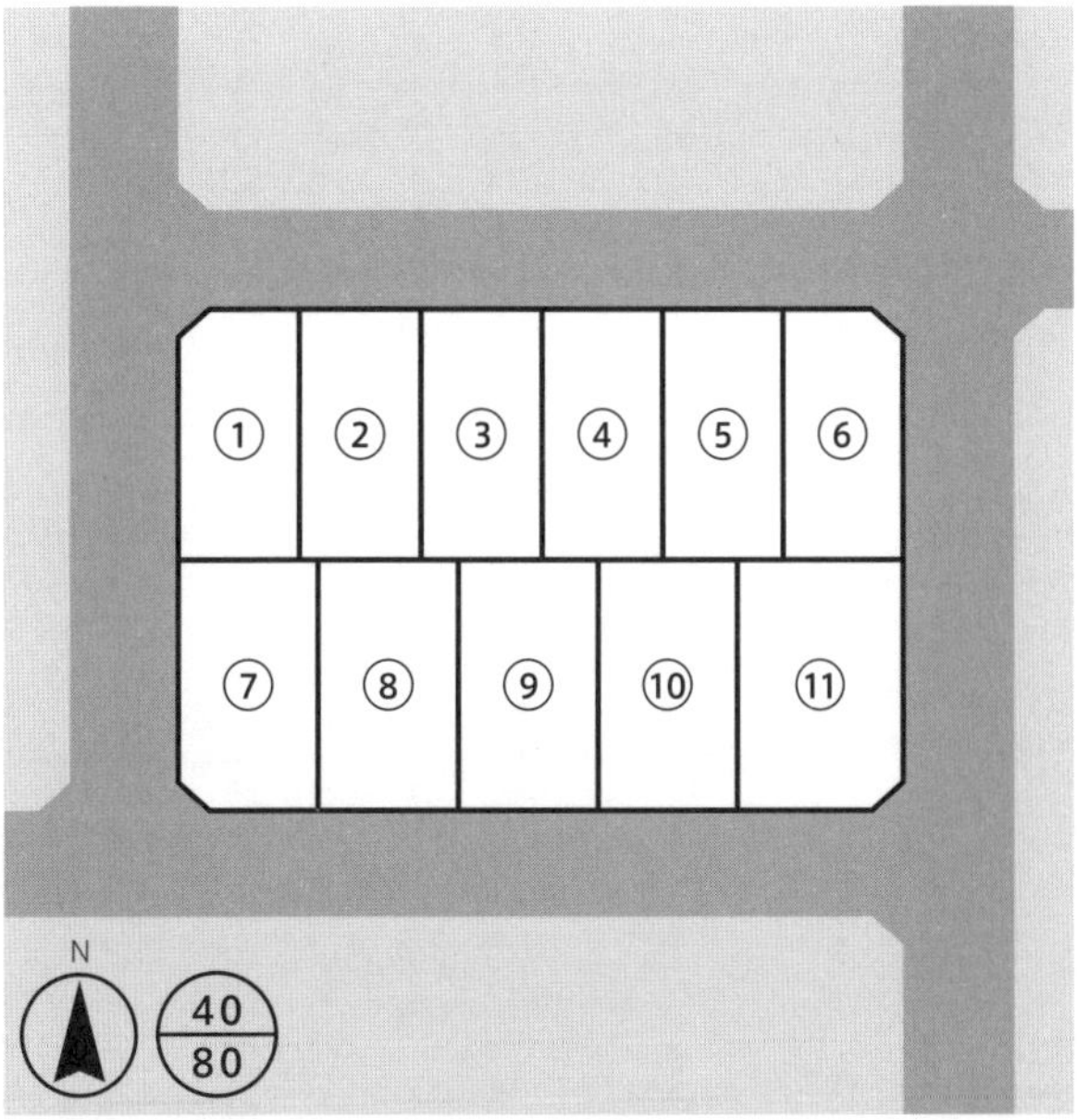

今回は南向きがベスト

南向きの土地が常に良いわけではありませんが、今回の建て主の菜園にとっては南向きがベストでした。日本には根強い南向き信仰がありますので、図の分譲地で言うと、どうしても⑪が一番高くなり、二番目には⑦が、三番目に⑧〜⑩が、という順に販売価格は付けられます。

しかしケーススタディ1の例の通り、北東向きに大きな開口（窓）を設けると、年中通して安定的な天空光が入り、南向きの直射日光では叶わない快適さを得られる場合もあります。その土地ごとに、どのように建築するか、その工夫次第で快適性は異なるもので、土地の方位と快適さに一般解はありません。そのため場合によっては、⑥を選ぶこともあり得ました。また③や④も、南側の建築計画次第では、南側から光が抜けてくることもあり得ます。

しかし今回は、菜園により多くの日光を充てることが重要でした。また角地である必要もないので、⑧〜⑩が良いだろうというのが、建築家の結論でした。

ここまで来て理想の土地に直面した建て主は、他の方に土地が買われては、と気持ちが急ぎますが、建築家と不動産コンサルは今一度冷静に、広大な更地にまだない家並みを想像し、建て主が求めている本当の土地はどれかを頭の中で設計してみました。それをアドバイスします。建て主はそれを受けて、ここまでの【V→F→R】のプロセスを振り返り、決断します。

家づくりの中で最も緊張する瞬間ですが、建て主にとって必要なことはライフプランと土地の客観的な情報です。普通は一目では分かりませんが、建築不動産フローでは、もう両方とも可視化されています。

らせん状の生活空間

決断すれば、ここからは不動産コンサルのサポートです。詳しくは1章の「不動産会社の役割③不動産の売買契約」を参照してください。スピーディに、ローン事前審査↓売買契約↓ローン本審査↓金消契約と進みます。そして無事引渡しを受けてから、設計監理委託契約の上、いよいよ設計がスタートします。今回も林さんの頭の中には、【V↓F↓R】のプロセスで得た、建て主の暮らし方や価値観がかなり詰まっています。一刻も早く設計をスタートさせたいのは、建て主も建築家も同じ気持ちでしょう。

創造系不動産が、売買契約が順調に進んでいることを確認し、ローンの本審査が下りた直後（土地が引き渡される前）辺りで問題ないだろうと判断し、打合せを開始してもらいました。

建て主夫婦は地方にお住まいだったため、東京に事務所のあるランビアーシ&林事務所との打合せは、スカイプで始まりました。打合せを重ね、計画される住宅の空間がしだいに明らかになってきます。

屋外から菜園を左手に見ながら、玄関へ。中に入るとまずキッチン・ダイニングスペース、そこから半階上がって和室スペースへ。ここで菜園を眺めることができます。和室と菜園のレベル差は、２mくらいという不思議な距離感で、家族が会話できます。和室スペースからさらに半階上がると、南面するバルコニーのあるリビングルームへ。さらに少し上がると各ベッドルームへとつながっていきます。

全ての空間が連続するこの空間構成は、建築設計ではおなじみ「スキップフロア」。そのスキップフロ

諸機能の立体的な再構成

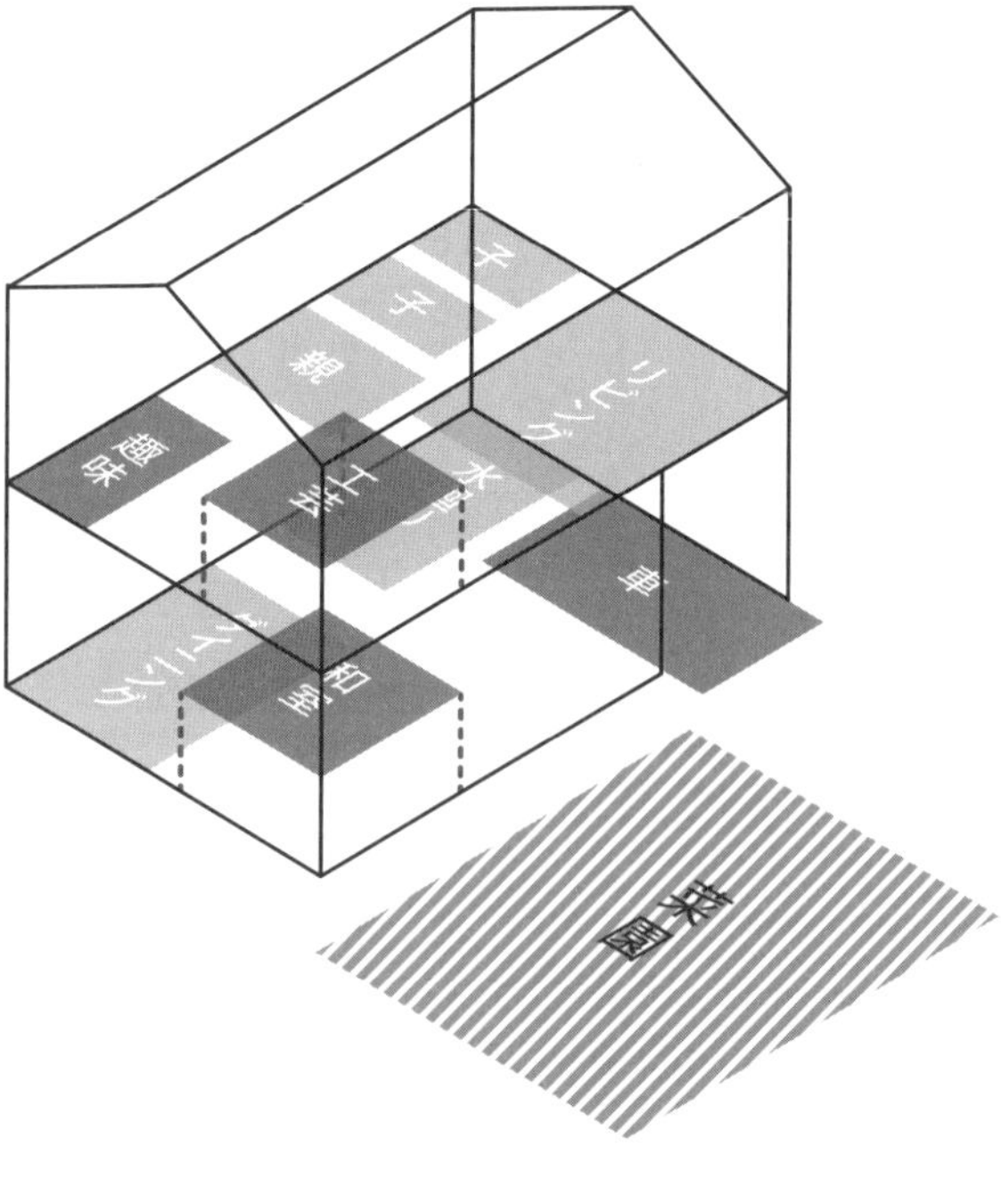

アが、「らせん状」に連続しています。1階と2階がはっきり分かれず緩やかにつながった、何とも伸びやかな室内です。「ゆっくりつながったインテリアにすることで、家族がコミュニケーションしやすい空間にしたかったんだよね」と、ジェームス・ランビアーシさんのコンセプトでした。

デザインフェーズで不動産コンサルが確認したこと

これは早く完成を見たいと、建て主だけでなく私たちも思いました。今回のDフェーズでの不動産コンサルの仕事は、強いて言えば、建築家から第1案が出た時に、もう一度【V↓F↓R】フェーズのおさらいをしたことです。スカイプでの打合せでモニター越しに将来のファイナンスや資産の打合せをしたのは初めてで、慣れずになかなか大変でした。

ビジョン(V)は、自然の中でゆっくり子どもを育てる。ファイナンス(F)は、ローン返済額を抑え工芸や子育てに打ち込めるキャッシュフロー。土地(R)では、菜園に十分な広さを確保する。具体的な設計が始まると、もっとたくさんの要望が建て主から寄せられますが、最初のラフアイデアの段階から、これらのポイントが建築計画にしっかり反映されることで、建築不動産フローの一貫性を確認できます。それさえできれば、不動産コンサルは施工(C)フェーズまで縁の下で待機します。

今は、普通のサラリーマンでも建築家に依頼できる時代です。昔のように、ローンの心配がいらないお金持ちでないと頼めない、そんな敷居の高いものではありません。

一方では、多くの方の就労時間は、フルタイムかそれ以上ですから、(1章で紹介した新中間層であれば夫婦ともに）時間が足りません。

ですから、Cフェーズで必要な慣れない銀行ローンの手続きも、建築家＋不動産コンサルの方法は、建て主の心強い味方です。施工期間中、建て主とはなかなかタイミングが合わず、つくば市の工事現場では一度もお会いしませんでしたが、東京の銀行では2回お会いしたことは、どこか不思議な感じです。

「素材とディテール」に包まれる生活空間

建築家のランビアーシさん、林さんと、工務店さんの努力によって、建て主の自宅は見事竣工しました。家に入ると、みな驚きます。外から眺めるより、大きく感じる室内空間があるからです。デザインされた「らせん状のスキップフロア」の空間は、天井は木の架構をそのまま表していて、床や階段も木でつくられており、おおらかな拡がりが感じられます。

「ゆっくり、空気が上昇しています」とご主人は満足気に話します。「自然と階段に座ってしまうんですよね」と言って、生まれたばかりの子を抱いて、階段に腰かけています。

ランビアーシ&林事務所の建築の考え方は、「Material & Detail」つまり、素材とディテールを大切にするものづくりを目指しています。そのコンセプトでデザインされた住宅には「田園風景が広がっていて」、「木のぬくもりが感じられ」、そして建て主のお二人は「ゆっくり自然の中で子育て」されています。

土地を探しながら、何度も何度も話した、夫婦のビジョンが、ここに全て叶えられている。訪れるたび、それを確認しては、本当に羨ましいと思います。

上：みどり野の家。左手に菜園が広がる（©黒住直臣）
下：らせん状の空間の見下ろし（©黒住直臣）

木の柔らかい素材感に包まれた、らせん状に連続するダイニングからリビング（©黒住直臣）

ケーススタディ5
建築家コラム

▽土地探しから参画する多くのメリット

土地探しから建築家として参画することとなったこのプロジェクトは、家づくりの初期から建て主の土地や家に対する価値観やイメージを共有できた点で大きなメリットがありました。

創造系不動産の高橋さんが予算等の諸条件を組み立てながら、絞りこまれた10件程度の土地を1日で廻り、その中の一つが最終的に選定されました。これは不動産と建築という二者の異なるプロフェッションが現地で同時にアドバイスすることで、建て主がその場で土地のさまざまな長短を知り、その後の判断やプロセスの合理化、迅速化に寄与しています。

実際、土地探しから竣工まで、どのフェーズにおいても建て主ご夫妻は潔く判断されていました。

▽設計テーマに応じた「マテリアルとディテール」

計画に際しては、都市の利便性と田園の自然環境双方の長所を享受することを心がけ、「マテリアルとディテール」の構成を組み立てています。

全体計画では家屋をコンパクトな都市型住宅の形式としながら、外構には十分な余裕を確保して家庭菜園等が設えられるようにしました。

マテリアルでは外装をクールなブルーグレイ系の金属サイディングのコンポジションとする一方で、インテリアは集成材や杉板を活かした素朴で温かみのあるマテリアルを使用しています。

ディテールではスパイラル状につながった空間と関連させた造作家具やパターンを用いる一方、余分な線のないシンプルな納まりを心がけることで、部分から全体までの統一感を創り出しています。

結果として、都市的でありながら田園的な趣きの漂う、リラックスできる住空間となったと思います。

建築家・林謙太郎

座談会

「住まい」のイメージが全く異なる夫婦の家づくり

建て主（ご主人と奥さん）
建築家（林謙太郎）
創造系不動産　高橋寿太郎

マンション派の夫と戸建て派の妻

高橋―竣工後1年が経ちますが、こちらでの暮らしはいかがですか？

ご主人―「らせん型」に空気がゆったり連続する空間（198頁参照）が本当に気に入っていて、想像以上に良い家に満足しています。

奥さん―当初は夫婦の意見がはっきり分かれていたので、林さんにはそれらをまとめていただいて、とても感謝しています。

ご主人―そもそも、私は分譲マンションを買いたかったのですが、妻が一戸建て派だったのです。

林―ぜんぜん知らなかった（笑）。

ご主人―当時38歳、結婚したばかりでしたが、ローンを組むならそろそろかなと。ただ一戸建ては高価だから無理だろうと思っていました。だからマンションを買おうと考えて、妻に相談したんです。

奥さん―私は田舎の出身なので、たくさんの人が近い距離感で住むマンションが不安でした。画一的なデザインの印象もあって、私は個性的な家が良かったので一戸建てが良いって！

ご主人―私は横浜の普通のマンションで育ったので、「画一的の何が悪いんだ」って言い返しました。それに気持ち的にも大きな借金はしたくなかった。

奥さん―このままではマンションに住むことにな

ってしまうと、急いでネットで一戸建てや土地を検索しました。すると東京でなければ結構あるんです。

ご主人｜どうだ！と土地を見つけてくるその熱意に負けて、じっくり物件情報を見てみると、確かに私たちでも手が届く範囲で土地がある。

建築家かハウスメーカーか？

ご主人｜でも土地はありそうだとして、「個性的なデザイン」と妻は言いますが、やっぱり家は大手ハウスメーカーでないと、建物の保証はどうなるのか、と心配しました。私が企業の営業職だからそう考えてしまうのかも知れませんが。それにハウスメーカーの方がコスト的なメリットがあるはずだとも考えたんです。総合するとハウスメーカーが良い、そこは譲れない！と主張しました。

奥さん｜私も正直、その辺りは分からないので、大手設計事務所に勤める建築士の友人に夫婦で話を聞きにいきました。すると、ちゃんとした建築家と工務店を選べば大丈夫だと。一緒に家づくりをする感じは、ハウスメーカーより建築家との方が面白いんじゃないか、と言われました。

高橋｜奥さんは、京都で工芸を学ぶクリエイターですから、デザイン的なものはもちろん譲れないんでしょうね。一方、ご主人は大手企業の営業職でいらっしゃるから、保証や、コスト、安全性に思いが巡って当然です。分かります。

ご主人｜会社の同僚も同じ意見です。家を買おうという点だけは夫婦で一致していますが、あとは全部バラバラ。妻は盛り上がるけど、ちょっと落ち着いた方が良いんじゃないかと。

林｜私はアトリエ事務所も大手の設計事務所も両

方経験してから建築家として独立したので分かりますが、住宅をつくり込む仕事は個人の設計事務所や建築家が良いでしょうね。

保証、コスト、安全性が気になる！

ご主人―それでも、保証やコストの面ではハウスメーカーが良いだろうと。積水ハウスや、住友林業、タマホームなんかもネットで調べて、住宅展示場にも足を運びました。営業の方とお話ししながら、何が違うんだろうと考えました。またある中堅の工務店さんは、まだ依頼していないのに見積もりまでつくって家にまで来られ、ぐいぐい決断を迫られました（笑）。そんなことをしていると、何だか家づくりが分からなくなって、林さんのお話しを聞いてみたくなったんです。

林―確か最初はスカイプでしたよね。私と、ジェームス・ランビアーシ（林さんとコンビを組む建築家）で対応しました。

ご主人―林さんは私たちに建築家との家づくりを、メリットデメリットも含め丁寧に説明してくれました。もともと友人の紹介ですから、信用していましたが話しているうちに、さらに信頼感が増してお願いすることにしました。

高橋―最初の段階で苦労されたんですね。建築家が知り合いにいる人は少ないですからね。

建築家と不動産コンサルの二人三脚

ご主人―林さん、高橋さんとは本当にたくさんの土地を見ました。林さんがそれぞれの土地にどんな建物が建つか、全てその場で説明してくださったのも、高橋さんにファイナンスのことを色々と教えてもらえたのもありがたかったです。建築不動産フローの2番目、ファイナンスフェーズですよね。ああいう話は聞いたことがなかったです。単に今のお金だけじゃなくて、将来の具体的なお金や貯金から逆算してくるような予算設定をされていました。

高橋―ローンを返すのは当然ですが、その後の預貯金の方が大事です。自分たちを過大評価してもいけないし、過小評価してもいけません。まずは将来像を具体的に数字にも落としてみます。その目標をどういう方法でどういうロジックで考えるべきかを、お教えしました。

ご主人―おかげで家と土地とお金が、私たちの中で一本の軸で結ばれました。私はやたらコストを心配していましたが、それは将来を含めたお金の全体像を「知らなかった」からだとようやく分かったんです。土地の契約前には、営業マンに買わされるのではなく、自分たちでつくっていくんだ、としっかり思えていました。

「小さな畑」を見込んだ土地探しと設計

奥さん―この土地は最初に私が小声で言った「家庭菜園」の大きさを見込んで、探してくださったそうですね。

林―家が建つだけの土地面積ではダメで、さらに家庭菜園というか「小さな畑」の面積も含んで候補に挙がった全ての土地の広さをチェックしました。

高橋さんが土地を調べるのですが、そういう視点で私もチェックしています。結果的に60坪程度のものを選びましたから、ゆとりはあります。さらに、駐車場をビルトイン型にしています。

高橋―どういうことですか？

林―ビルトイン型の駐車場は、郊外でゆとりのある区画では普通なら採用しません。でもこの住宅は、畑の面積をできるだけ広くとるためにあえてこの型にしました。その分、半階上げて、室内空間をらせん型に連続させるています。実は「らせん空間」と「駐車場」と「畑」と「土地選び」が全て連動しています。

家を閉じるか開くか

林―デザインフェーズでは再び夫婦で意見の対立がありましたね。「家を開くか閉じるか問題」です。

ご主人―妻は、隣の家の人がすーっと入ってこられる土間のような、開いた空間が欲しいと言いましたが、私は「泥棒が入ったらどうするんだ、土間なんかいらない」と。

高橋―林さんは建築的にどう解決しようと思ったんですか?

林―解決するというより、ご夫婦の意見の違いは、突き詰めていくとそれほど違わないんじゃないかなと思っていました。結局、玄関前の空間は開かれた感じでもありながら、懸念された防犯面もきっちり閉じているでしょう。

奥さん―確かに、主人もここでくつろいでいます。

銀行とのコミュニケーション

ご主人―ところで、以前、高橋さんに愚痴ったことがありますが、ローンを組んだ銀行って所は家づくりを分かってないんですよね。

建物の費用を3回に分けて支払うので、土地・建物1・建物2・建物3と分けて融資されました。建物2の時だけ、私ひとりで行ったのですが、前回の担当者と違っていて話は通じないし、保証料の計算は間違えているしで不安になりました。

高橋―それを聞いて、次はまた同行するようにしました。慣れていない担当者だったんでしょうね。確かに、銀行の方は建築現場を見て手続きしているわけではありませんから、こちらの家づくりの状況や気持ちは伝わりにくいです。

林―不動産屋さんが建築中に融資のサポートをしてくれることはないんですか？

高橋―あると思いますが、少ないです。建築家との家づくりで、設計(D)フェーズや施工(C)フェーズでも、銀行ローンをバックアップしてくれる不動産仲介が、もっと必要だろうと思います。

建築不動産フローを体験して

ご主人―確かに、建築不動産フローのR（土地）・D（設計）・C（施工）の部分で、創造系不動産と林ランビアーシ事務所と工務店さんは、すごく連携していました。初めはそこが心配で、ハウスメーカーが良いのではと考えていたのですが、フローが実行されるのを見て、心配は吹っ飛びました。

奥さん―主人は心配症ですから。私は菜園とこのらせん型の木の空間にすごく満足です。

ご主人―私も大満足ですよ。外観はキュッとコンパクトな家なのに、室内はゆったり大きな空間があって。当初は、会社の同僚に相談したものです。「やっぱり家づくりは大手や保証だよな、この考え方は間違ってないよな」と。すると同僚5人中5人が「間違ってないよ」と（笑）。

でもいま逆に遊びに来た友人から、同じ質問をされます。私は「まあ、それだけではないよ」と素直に答えています。消費者保護の制度も整いつつあるようですし、私たちのような方法も含め、可能性を広げて、家づくりに挑戦して欲しいです。

ケーススタディ6

『ビジネスモデルをデザインせよ！』〜ブランディングから始まる建築不動産フロー〜

これは神奈川県のある企業の支社ビル計画です。最後に、建築不動産フロー【ＶＦＲＤＣＭ】が、大きな建物の場合にどのように展開されるかをご紹介します。

このケーススタディでは、最初に建物の形からお見せします。屋根がたくさん連なるような不思議な力強さを持ったオフィス。また普通の会社のように縦に長いビルではなく、ほとんど平屋です。このビルが完成したら、道行く人は驚くでしょう。そして室内に入ると、家ほどのボリュームがつながっていくユニークな佇まいに、快適さを感じると思います。

なぜこのデザインが採用されたのでしょうか？　どんな経緯でこの形態が生まれたのでしょうか？　一般的なオフィス設計と、このケーススタディは何が違うのでしょうか？

「オープンでわかりやすい、だから安心　正直で親切、それが信頼　すべての人のグッドライフカナエル」

神奈川県で創業50年を迎える「カナエル」社は、ＬＰガス（プロパンガス）を1万４０００戸に供給するガス会社です。会社は四つの部門からなり、ＬＰガスのお客様部門、ＬＰガスの保守管理部門、水道インフラ部門、家のリフォーム事業部からなります。

代表取締役の関口剛社長は、その四つの事業のうち、これから市場が拡大するリフォーム部門にテコ入れするため、数々の企業・商品・店舗・サービスのブランディングデザインを手掛ける、エイトブランディングデザインの西澤明洋さんを訪ねました。

「リフォーム部門のブランディングをしたい」。それに対して西澤さんは「より良い結果を出すためには、部分ではなく全体。カナエル社が持つ良い部分をもう一度ブランドとして捉え直し、次のステップで各部門、リフォーム部門をブランディングしていくのが良い」と分析します。

商品デザインや企業ＣＩ（コーポレート・アイデンティティ）に対して、「ブランディング」という方法、アプローチは、とても現代的なものだと

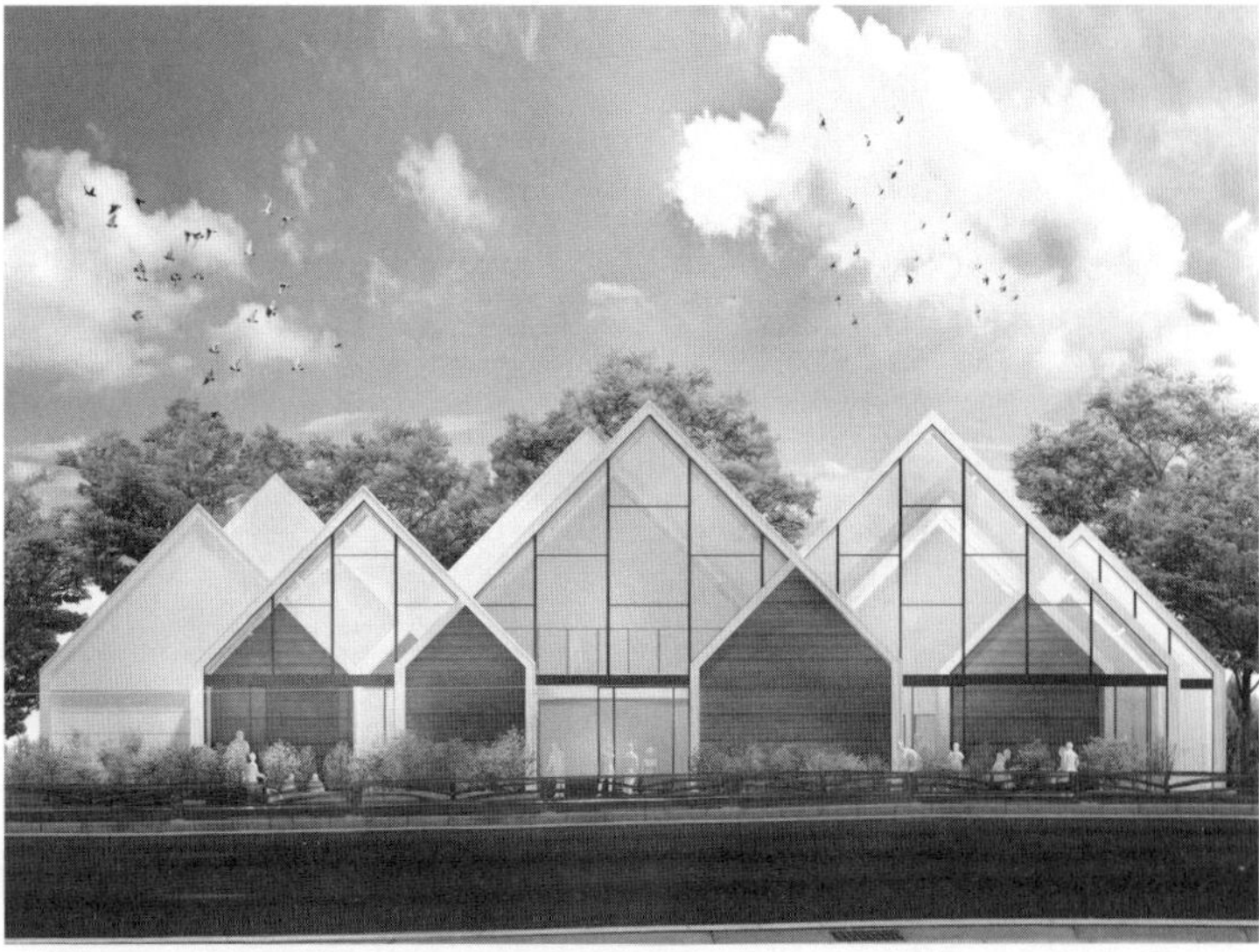

設計完了時のCG。246通りに面する（© KINO architects）

思います。ブランディングとは、「伝えること」を軸とする、いわばコミュニケーションのデザインメソッドです。

「世の中に良いものはあふれている。しかし高度情報社会の現代において、単純に良いもの、優れているものが売れるとは限らない。良いものをただしく伝えることが大切です」、と西澤さんは言います。これを受け、関口社長は経営判断を下しました。1年以上の時間をかけることになる、会社全体のブランディングによる経営改革を、エイトブランディングデザインに依頼します。

最終的にブランディングは成功し、関口社長はじめ、カナエルの社員全員の努力により、短い期間で業界や経済産業省からも注目されるまでになりました。「オープンでわかりやすい、だから安心　正直で親切、それが信頼　すべての人のグッドライフカナエル」というコピーは、エイトブランディングデザインが主導し完成した、カナエル社の新しいブランドコンセプトです。そしてその勢いのまま、何とカナエル社は、２０１４年のグッドデザイン賞・ビジネスモデル部門で、グッドデザイン賞を受賞しました。

そしてほぼ同時に、そのビジネスを体現する支社ビルの設計が完了し、本書を執筆している２０１５年2月現在、これから着工する所です。

ここで、とりわけ企業の建築事業に関わる方に注目していただきたいのは、以下の事柄です。

・業界はどんな市場で、カナエル社は何を脅威に感じていたのか
・カナエル社の経営形態と、行った経営改革は何か

・このプロジェクトの建築不動産フローは、どのように始まり終わるのか
・ビジネスモデルから、どのように建築がデザインされるのか

おそらく今回だけではなく、企業の建物づくりを行う時、これらの視点は今後とても重要になります。そう、これらは先々、建築不動産フローのビジョン(V)に応用できる部分です。

建物づくりを始める前に、会社づくりをじっくり行う

エイトブランディングデザインのプロセスは、LPガス業界の「リサーチ」から始まりました。

LPガスは、ボンベで各家庭や施設にエネルギーを供給するプロパンガスと言った方が、一般的にはイメージしやすいかも知れません。都市部ではどちらかと言うと「都市ガス」の普及率が高いですが、都市部でもLPガス利用者は少なくありません。

都市ガスを利用している消費者は、LPガスは馴染みがないかも知れません。しかし実は、日本の全5000万世帯のうち、2400万世帯(45・3%)がLPガスを利用しています。そういう意味で、LPガスは日本にはなくてはならない、エネルギーインフラシステムと言えます。

そのLPガス業界に、カナエル社は大きな問題意識を持っています。

この情報化社会の中で、LPガス業界は、実は消費者に対し料金を公開せずにここまで来た業界なのです。LPガス会社は、全国で大小含め2万社あります。それぞれの会社ごとに価格が異なるのは自由競争で良いのですが、同じ会社の同じLPガスにも関わらず、会社の都合でお客様ごとに料金が異なることが

多く、それが業界慣習となってしまっています。それはガス料金を公にしていないことが最大の理由です。そして、料金が異なるという事実をお客様は知らず、LPガス業界に対し、以前から料金の透明性が叫ばれてきました。その意味で、LPガス事業者と消費者の「情報格差」が大きい業界と言えるでしょう。

その中でカナエルは、そうした業界慣習に異を唱え、LPガス料金のオープン化を考えました。「顧客サービスで各企業が切磋琢磨するどころか、顧客ごとに金額の変更が行われ、LPガス会社を切り替える営業に精を出している会社もある。このままでは、LPガス業界自体が大きく取り残され、消費者からの信頼を失い、衰退してしまう。私たちは正しいあり方を追求しよう」。関口社長と経営陣はそう考え、まずは自社から料金の公開を考えていました。

これはとても勇気がいることです。もしかしたら、競合他社は料金を非公開にしたまま、自社エリアに攻め込んで来るかも知れない。正直者が単に損をしてしまうかも知れない。だから、とても勇気がいるのです。西澤さんは時間をかけて、カナエル社が置かれている経営環境を整理しつつ、カナエル社の良い所、市場で差別化できるポイントを絞り込んでいきます。すると、LPガス業界にいるカナエル社が、世の中に伝えるべきは、特定の製品やサービスではなく、やはりこの業界構造の問題点と、自社の情報公開の姿勢である、という所に行きつきました。

そして多くの議論の末、「オープンでわかりやすい、だから安心　正直で親切、それが信頼　すべての人のグッドライフカナエル」というブランドコンセプトが打ち立てられました。これは、消費者に対する、情報公開宣言でもありました。

「ハウジングヒストリー、始まる」

さらに、最初に相談のあったリフォーム部門も、同時並行でリブランディングが始まります。この辺りから創造系不動産は、建築と不動産の「市場環境」についてよく知る立場から、ブランディングのサポートに参加することになりました。

西澤さんは、LPガス部門と同じく、リフォーム部門も最初は「リサーチ」から始めます。テコ入れしたいと言っても、単に売上が上がれば良いのかというと、そうではありません。それよりも、そもそもお客さんへ提供される「価値」を見直す必要があります。

現在、リフォーム業界は、さまざまな規模、形態の会社が、新規参入しているまっただ中です。なぜならそこには、将来的な市場成長が見込まれることが、ほぼ確定しているからです。

現在日本では、空室が820万戸（2013年、総務省発表）と言われ、世界的に見ても家が余っています。ここまで来るとさすがに、企業も、世間も、既存建物をどう利用するかを考え始めます。「リノベーション」という言葉も生まれ、リフォーム業界は勢い付いています。では、リフォーム業界は安泰かというと、そうとも限りません。

・リフォーム事業への新規参入者の増加による供給過多
・無資格者等の技術力が不十分な業者の横行

・契約や保証の法的な整備不足による消費者の不利益
・家具業界や不動産業界からの攻勢

カナエル社のリフォーム部門は、こうした環境に少しでも貢献し、お客様に満足していただける事業にしなければなりません。既存のリフォーム事業部は、もともとLPガス事業部のお客様の家の、修繕部隊として誕生し、長年支持されてきた背景があります。品質もしっかりしており、お客様からの信頼も厚い。ならば、やはり新しく何を始めるという発想ではなく、「もう一歩踏み込んで何ができるか」という気持ちで臨んだ方が良さそうです。

こうしてリフォーム部門のブランドコンセプト、「ハウジングヒストリー始まる」が、西澤さんの主導のもと生まれました。本来の家づくりとは、その中で長年かけてつくられる家族や家庭の幸せづくりです。そしてそれを積み重ねていくためにも、建物そのものの健康状態を記録した「カルテ」があれば理想的です。

故障が起きたその時、その場で対応するのではなく、数十年単位で計画をたて、また第三者も確認できる、記録と計画が本当はあるべきです。

これを「ヒストリーファイル」と名付け、お客様への配布を始めました。ここにも、「お客様への情報公開」という全社的に通じる精神が貫かれています。住宅のリフォームをする前に、ホームインスペクション（住宅調査）を行い、ライフプランを考え、設計・工事・アフターケアまでをトータルでサポートする。その「記録」を次の世代や、他の会社に引き渡すことができるようにしておくのです。

つまりこれは、営業的な集客目的で使用したり、顧客を囲い込むために用いるものではありません。むしろその逆で、将来、他の会社でリフォームをする時は、これを見せてください、とお願いできる体制をつくりました。そのため自分たちの仕事の不十分さや未熟さがあれば、それも記録に残ります。だからこそ、スタッフはできる限り誠実な仕事に意味があることを実感できるのです。

このように、カナエル社は、全社的に「お客様に対する情報公開のスタンス」をブランドコンセプトにしています。

ブランドコンセプトと地域性から考える支社オフィス

こうして西澤さんが、カナエル社の仕組みづくりをお手伝いしている過程で、新しい支社ビル建設構想が創造系不動産に伝えられました。

カナエルの本社は横浜近郊、つまり神奈川県の東側です。私に声がかかった時は、県西部を統括する新しい拠点づくりを考えていた所で、なかなか良い土地が見つからない状況だったようです。それならば今のうちにビジョン(V)とファイナンス(F)フェーズを固めましょうと、建築不動産フローがスタートしました。

ここで大事なことは、土地や建物にかかる費用ではなく、「建築事業を通じて、ブランドコンセプトを表現することができるか」という視点です。さらにその根拠となる「中長期的な経営戦略」を、建て主が中心となり、建築家と不動産コンサル、さらに今回はブランディングデザイナーが一体となり考えていくことです。

そして最終的に形づくられるのは、支社オフィスの建築とその実際の空間に展示される商品であり、行われるサービスです。ですからやはり、これらのビジョン(V)・ファイナンス(F)フェーズを「建築的に解き、表現していく」ことができる建築家が必要とされています。周辺環境、建物の大きさ、コストはもちろん、そのブランドコンセプトを空間的に翻訳しながら進める仕事です。

ここで間違えてはいけないのは、ビジョンに「お客様に対する情報公開のスタンス」があったとして、それは「透明なガラス張りの箱をつくりましょう」ということではないという点です。言葉の連想を形にしても、ブランドコンセプトを体現したことにはなりません。

では何から考えれば良いのでしょう。

具体的にその支社で働く社員の人数を考えてみます。周辺にあるカナエル社の営業所を統合すると、10人程度、または本社のようにリフォーム部門を併設すると、15人程度のための社屋が必要になります。将来的な伸びしろは考えなければなりませんが、必要以上に大きくしてしまうと、会社にマイナスの結果を呼ぶため要注意です。

10人、15人あるいはそれ以上を想定するのか、経営的に判断しなければならないのですが、単純に売り上げ数字だけを見ても、決定できません。大切なことは、この二つの部門が、顧客と会社にとって、どのような関係性があり、また競合他社とはどう違うのか、という点に立ち返ることです。

そもそもなぜカナエル社が顧客に、情報公開のスタンスが取れるのかというと、それは顧客に対してインフラや修繕といった、中長期的な「生活サポート」の立場をとっているためで、無理な新規営業や販路開拓を主業務にしなくて良いからです。

リフォーム部門を、ガス事業本体の補助機能として位置付けるのではなく、「顧客の生活をサポートするサービス」に、ガスの供給やリフォームサービスがあると捉えることで、より高い価値を提供し、より高い信頼を得ることができます。

そうすることで想定される顧客への貢献度を考えると、しだいに中長期的な売上や、本事業に投入すべき予算が定まってきました。社屋の規模も、最初はスタッフ10人を想定しておき、ショールームを一部改装すれば後々15人まで収容できるようにしました。

これも結局は個人の住宅と同じなのです。単に借入の返済金額から「予算」を決めるのではなく、「将来的なビジョン」から、「将来的なファイナンス」を割り出していく、VからFの手順です。

国道沿いのインコーナーか、アウトコーナーか～建築と不動産のロジックをフル回転せよ～

建築は、以前からリフォーム部門のデザインアドバイザーを担当していた、木下昌大さんに依頼されました。Vフェーズの、リフォーム部門のブランドコンセプト「ハウジングヒストリー」を表現するデザインを提案（新建築２０１４年2月号掲載）していたので、カナエル社のブランドコンセプトを理解していました。

Ｖ・Ｆフェーズで、必要な床面積は５００㎡と仮定しています。それに、必要な駐車場台数や将来的な拡張性を加えて、土地探しのＲフェーズに入りました。今回土地選定は、複数の仲介会社に依頼しました。創造系不動産はカナエルの立場で、集まる情報をチェックする役割でした。

最終的に、東京から静岡までを結ぶ幹線道路である、国道２４６号沿いのいくつかの候補地が選ばれました。カナエルのブランドコンセプトがそこを車で通る人の目に入りやすく、より印象的に伝わりそうな二つの土地です。

あるカーブした道路の向かい合わせに、一つはインコーナーの南向き（土地Ａ）、もう一つはアウトコーナーの北向き（土地Ｂ）にありました。

こういうシンプルかつ重要な分かれ道が、土地選びに頻繁に現れるのは、これまでのケーススタディ

問：ＡかＢ。どちらの土地を選びますか？

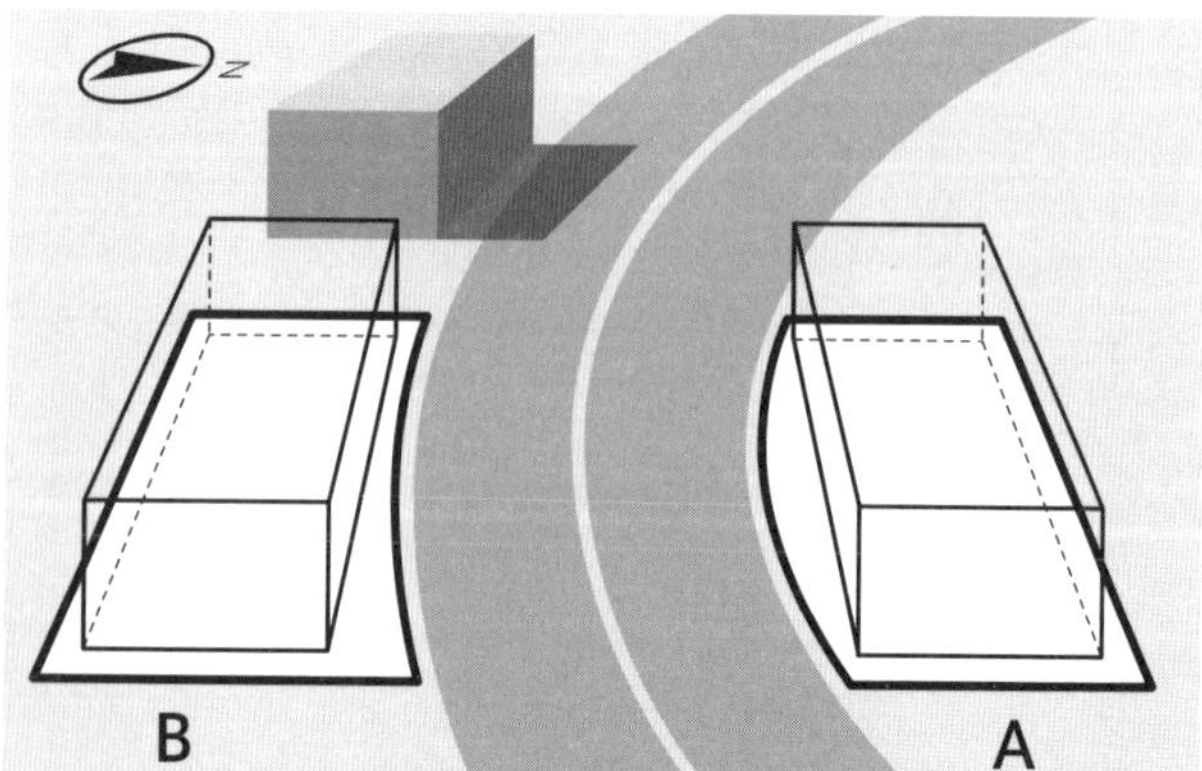

で紹介してきた通りです。さてあなたなら、どちらの土地を選びますか？

一見はやはり、南向きの土地が明るく、良いような気がします。木下さんは、二つの土地に、建物が建った場合の見え方を、動画とCGで説明しました。

カナエルのビジョン、オープンの精神を表現する建物イメージを、国道を行く車両によく見せるためには、インコーナーでは気づきにくい。アウトコーナーにあると、数倍の視認性がある。これをプレゼンテーションしたのです。

それは一目瞭然でした。経営陣、建築家、創造系不動産は、満場一致でBを取得することに決めました。もしも、この土地選びの段階で、ビジョンが明確でなく、建物の規模や予算もあいまいなまま、南向きの土地Aを購入し、建築家に依頼していた可能性は十分あり得ます。

もちろんAの土地でも、建築家は工夫し、その良さを引き出す建築空間を計画するでしょう。しかし、練られたビジョン(V)、会社のファイナンスプラン(F)、それらに合った土地(R)の延長線上に、デザイン(D)が一列に並べば、言うまでもなく、建て主のつかみたい成果を最大化することができます。

建築不動産フローは、そのために使う手順なのです。


デザインフェーズでは、プレゼンテーションから入らない

アウトコーナーの土地を無事取得した段階で、本格的にデザイン(D)フェーズに入ります。こうした設計業務のスタートラインでは通常、建て主か、プロデューサーやコンサルタントが、設計要綱（諸室の機能、大きさ、使用人数、関係性、動線）を作成します。それをじっくり読み解いた建築家が、建て主に「プレゼンテーション」を行います。でも木下さんと創造系不動産は、違う方法を取りました。

この段階で、創造系不動産は1年近く、リフォーム部門の建築不動産経営コンサルティングの立場で、カナエル社の日常業務に関わってきました。それでもまだまだ、社内のことで分からない部分はあります。部門同士の連携はうまくいっているのか、経営者と各部門のリーダーの意見交換は十分になされたのか、新社屋の近隣住民、地域への影響は十分考えられたのか等々、新社屋建設を機に考えられること、改善できそうなことはまだまだありそうでした。またそこに、リフォーム部門成功のカギがあるような気がしたのです。もしかしたら経営陣も分からない、何かあるかも知れない。それが企業です。

私は、最初に必要なのは「建築案のプレゼンテーション」ではなく、「建築案をつくるためのヒアリング」だろうと考えました。そこで木下さんには「今回はカナエルのスタッフにいくつかの案をプレゼンテーションしてもらい、木下さんは中立的な立場からそれらをジャッジして欲しい」とお願いしました。

すると木下さんから「それなら、その場でスタッフと一緒に設計を考えるようなワークショップをしましょう。積木のような模型を使えば、面白いヒアリングになるのでは？」という提案が。それは面白い！と直感的に思いました。

成果は上々でした。５００㎡強の積み木を、経営班と各部門のリーダー班に分かれて、つくったり壊したりしてもらいます。空間構成やプログラムについて試行錯誤するのは、設計事務所にとっては日常的

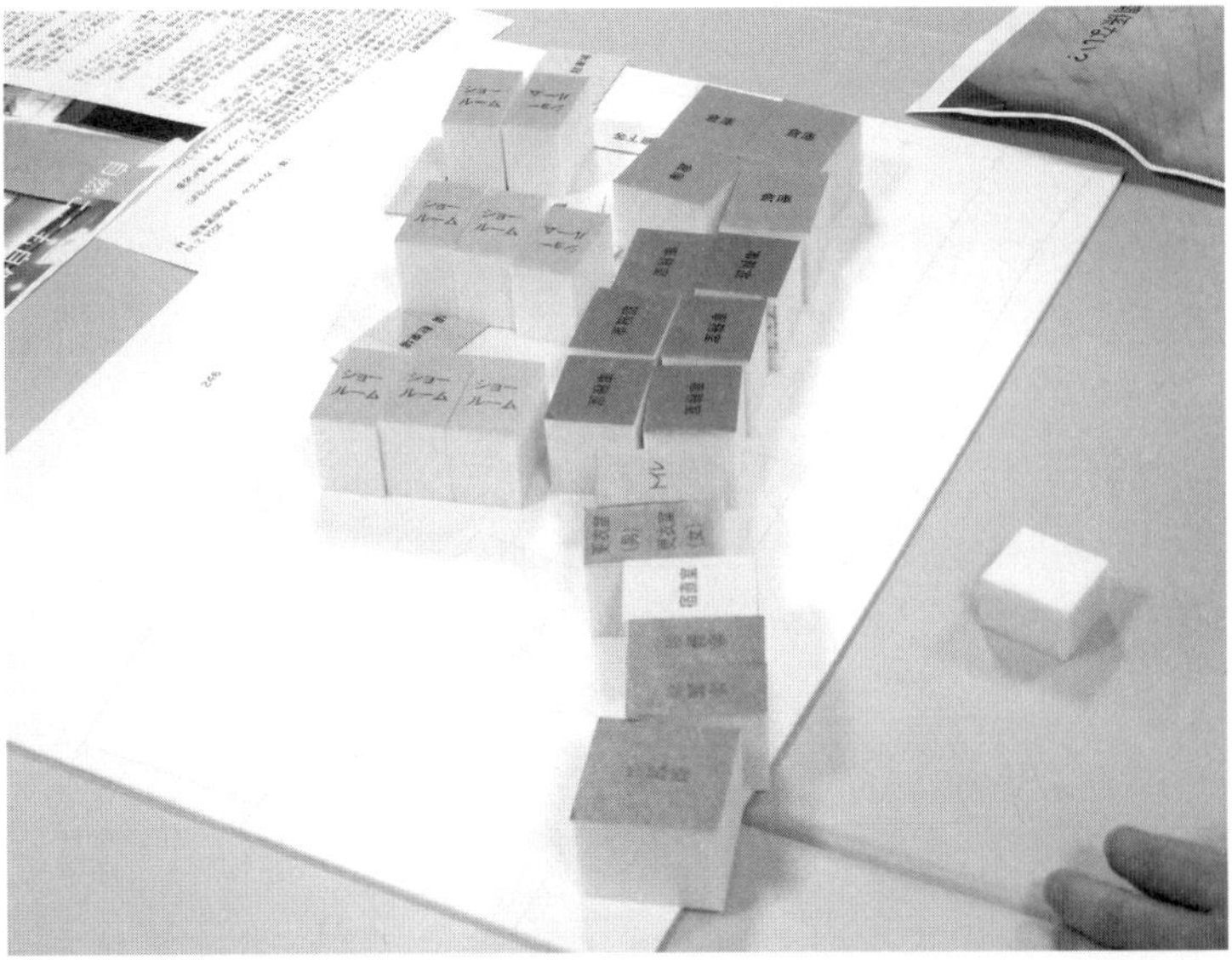

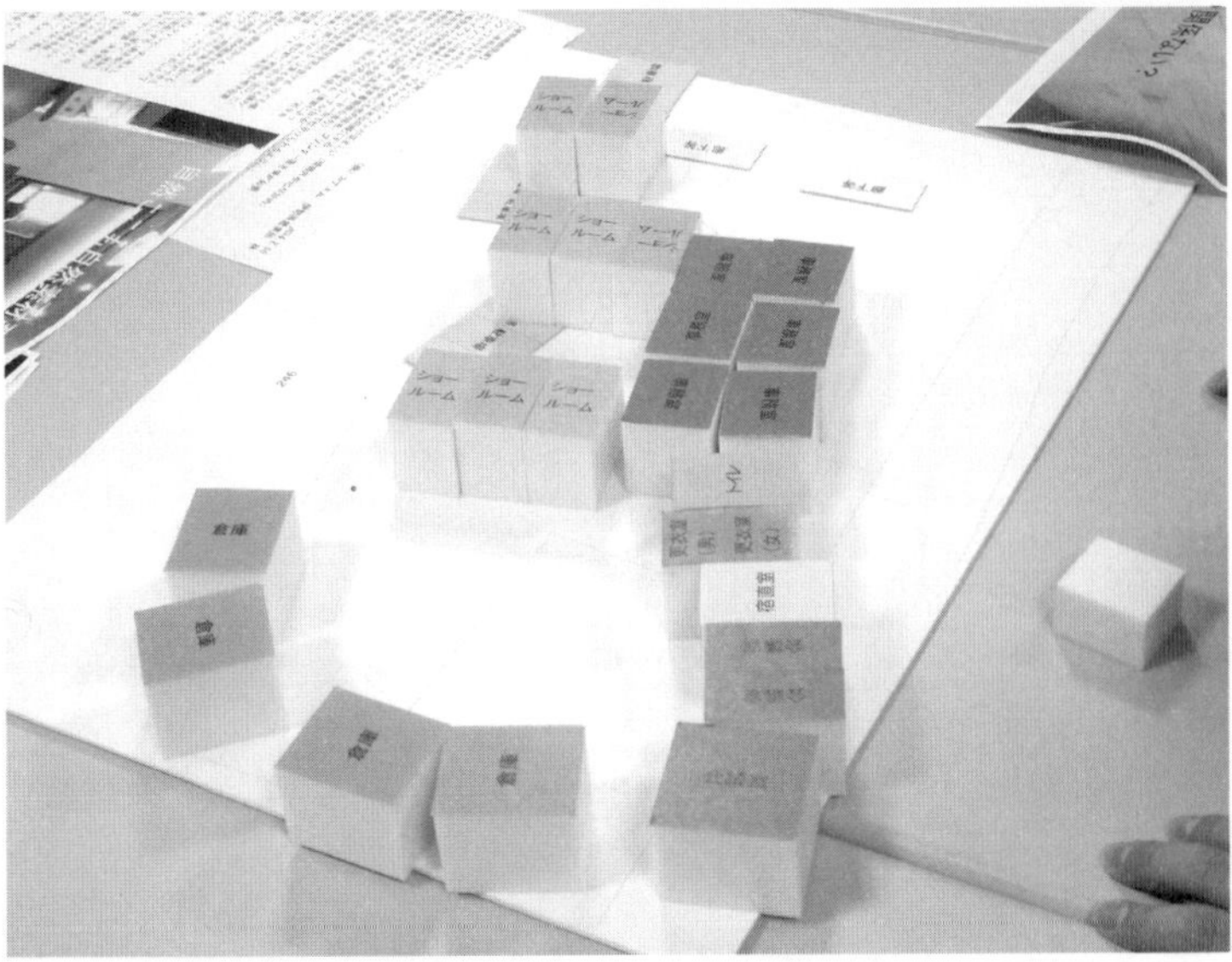

それぞれの班の「積み木」によるコミュニケーション（© KINO architects）

一般的な設計フロー

設計条件をもとに検討

▼

プレゼンテーション
(設計条件への解答)

▼

ブラッシュアップ

▼

ブラッシュアップ

▼

ブラッシュアップ

▼

ブラッシュアップ

▼

完成

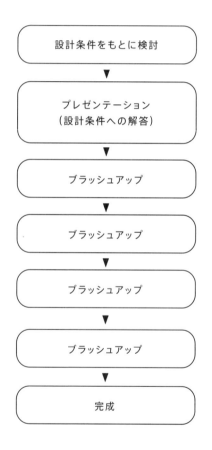

今回の設計フロー

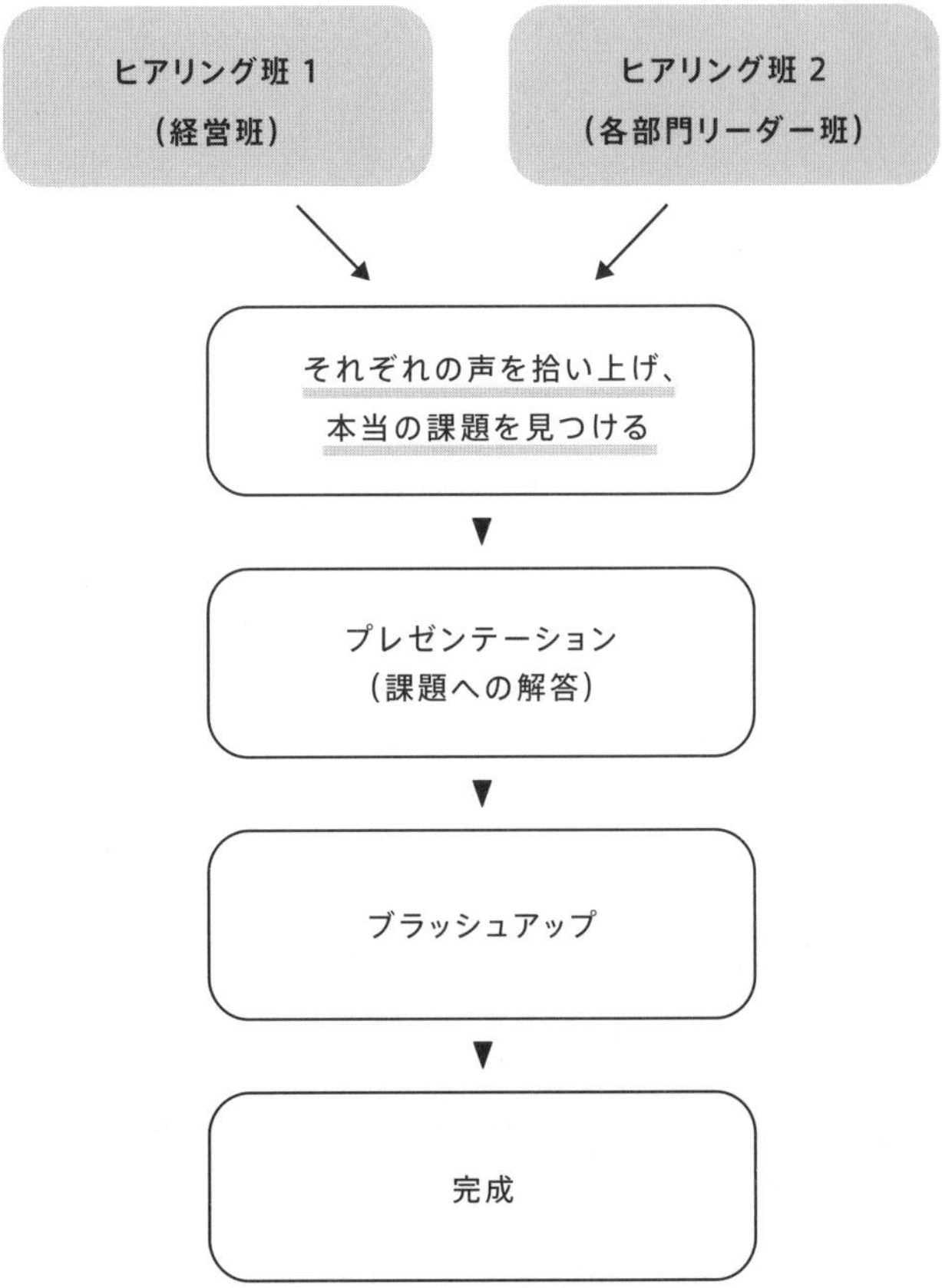
ヒアリング班 1
（経営班）
ヒアリング班 2
（各部門リーダー班）
それぞれの声を拾い上げ、
本当の課題を見つける
プレゼンテーション
（課題への解答）
ブラッシュアップ
完成

な作業ですが、クライアント企業の社員にとっては、経験したことのない作業ですから、戸惑い、楽しみながらも、積み木に集中します。

当初あった二つの案は別の形に進化し、また崩され、終わりなく形を変え続けました。「平屋」の社屋ができている隣では「ピラミッド」が生まれていたり。それは、単純な建物の形を考えるための作業ではなく、その過程で聞こえてくる、「声」を拾い上げるためのプロセスでした。

・各部門の連携のあり方と、現状の課題
・組織体制の改善点
・経営者と部門リーダーの多面的な意見交換
・社員の顧客に対する思いや、顧客との関係性
・住宅街に住む近隣住民への気持ち

積み木をつくったり壊したりしながら、よそ行きの設計要綱や要望リストには書き出せない、も

2班に分かれたワークショップ風景（© KINO architects）

しかしたら建て主自身もまだ気づいていない、本当の与条件を収集するための大事な工程なのです。あえて言えば、普通の建て主は建築計画の素人です。さらに、建築の発注者としても、経験が足りません。よほどのディベロッパー（不動産開発会社）で、建物を何十棟も発注した経験がない限り、建築家からプレゼンテーションされた見慣れない提案に対し、間違えたジャッジをしがちです。

だから私はそこでの建て主の反応はそれほど重視しません。重要なのはもっと手前で、建物や空間以外の課題やポイント（経営・組織・人事・商品・サービス）が何かを知ることですから、建て主とはそれを最初に徹底的に考えた方が生産的です。

言い換えると、「建て主に提案を通す」感覚ではなく、「建て主の与条件を解く」でもなく、「建て主と一緒に、何が課題かを考える」ことに時間を使っているのです。

そうすることで、会社自体を良く変えることができることは断言できますし、建て主にとってもそれはチャンスです。建築不動産フローを用いて、今回は建て主の利益に直結して進んでいきました。

小さな家型が連続する、オフィスっぽくないオフィス

この打合せを経て数週間後、木下昌大さんが全員に見せてくれた第一案は、一つの大きな建物というより、小さな家形の住宅が連なるような、おおよそオフィスらしからぬオフィスでした。

これは周辺の住宅環境に配慮しながら、国道を走る車両にはその存在をアピールしています。また実際に来社されるお客様には親しまれ、さらにリフォーム部門のショールーム機能を小さく分けることで、お客

様に商品説明がしやすい、そんなオフィスです。

ユニークなアイデアですが、単にユニークさを目指した建物ではありません。建て主の経営論と建築家の空間論との対話の末に生まれた、理にかなった形だと思います。

全員で、このアイデアを即採用しました。

通常、経営者の経営論と建築家の空間論の二つは、建物においてそれほど密接な関係に昇華されていないと私は思います。双方は、別々の次元にあるものでしょうから、それはそれで構わないと思います。

しかしカナエル社の新社屋は、経営と空間の大切なポイントが共有されながら、それ以外はアバウトな所も残しつつ、何とも言えないバランスで実現しています。その感覚が、良い建築を予感させました。

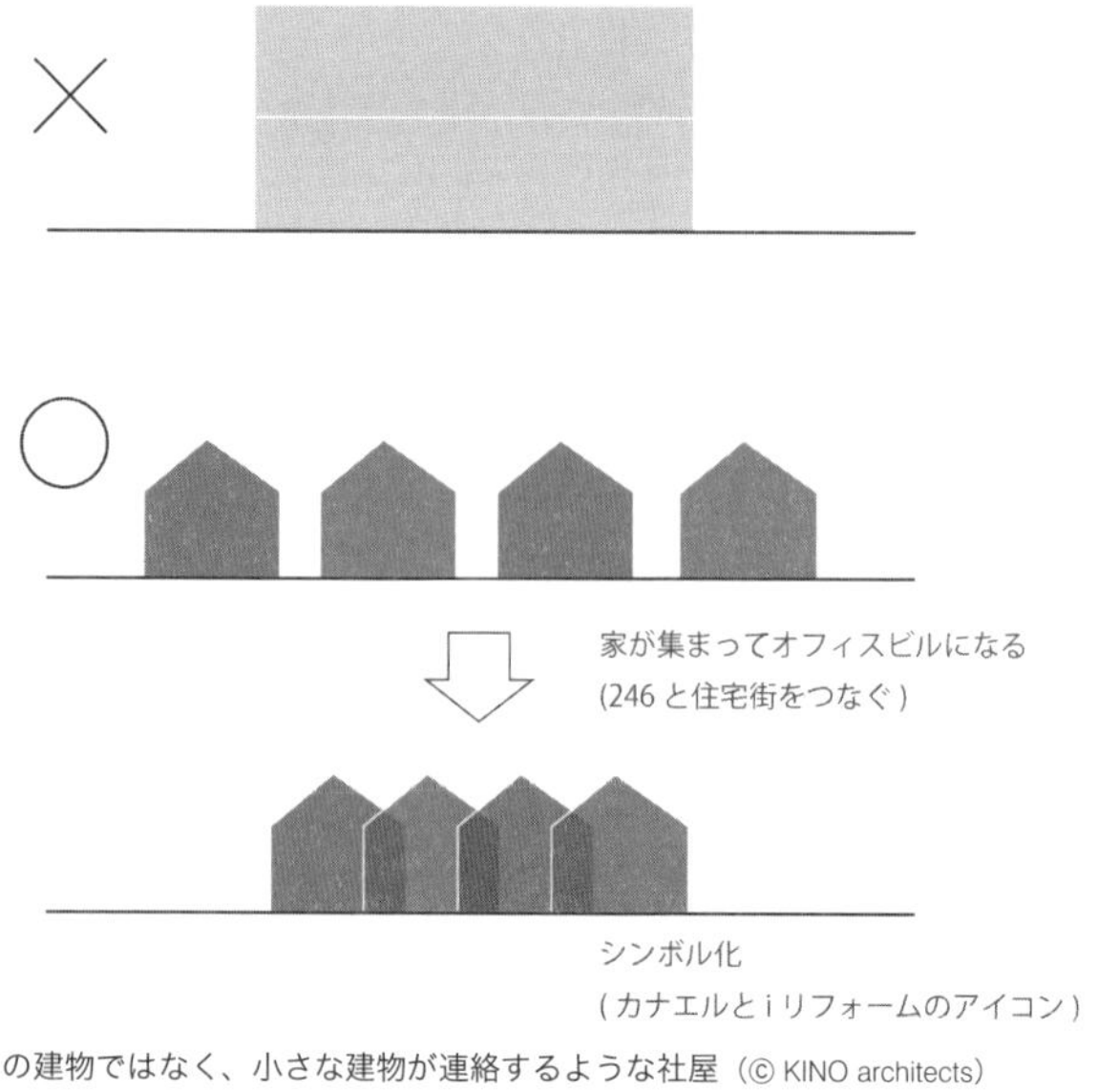

大きなひとつの建物ではなく、小さな建物が連絡するような社屋（© KINO architects）

アイデア採用後も、２週間に1回の全員ミーティングが繰り返し行われ、動線・諸室構成・仕上材・設備仕様・執務環境についてブラッシュアップが続きました。ここまで来ると創造系不動産は、続く施工(C)フェーズの、発注者側の準備に入るため、設計打合せからは、いったんフェードアウトします。

また建物完成が近づくと、創造系不動産はマネジメント(M)フェーズに入り、エイトブランディングデザインが中心となって進めている、カナエル社のＰＲ活動を、この支社ビル周辺エリアで展開する準備に入ります。つまり、木下さんが担当した空間的な企業活動のサポートを、実践段階に進めるのです。

まさに建築不動産フロー【ＶＦＲＤＣＭ】の手順通りです。

初期案の模型写真。家形と家形のあいだがエントランスホールになる
（© KINO architects）

ケーススタディ6
建築家コラム

▽設計要綱からデザインする

今回は設計要綱をカナエル社の経営陣およびスタッフとともに作る所から始まりました。ビジネスモデルを理解し、ブランディングされた会社のあり方を体現する要綱をデザインし、それを元に建築を形作っていきます。ケーススタディ4と同様、ここでも与件自体が設計の対象になることに気づきました。

▽開かれた企業のための開かれた建築

LPガスは営業所からの供給範囲が限定されるため地域に根ざした企業スタイルになります。その特性を活かすために四つの〝つなぎ〟を意識しました。

①町の風景をつなぐ――国道に並ぶ商業施設により、町は分断されています。この建物も分断に加担する規模になり得ましたが、むしろ分断された町を建物でつなげたいと考えました。そこから、大小の家型の建物が集まり、一つの大きな建物をつくる方法に至っています。住宅街のスケール感を持ちながらもロードサイドで埋没しない建物です。

②内外の風景をつなぐ――大小の家型の重なりにより、もう一つの家型が出来る。家の中にいながら、家と家の間の路地にいる。そんなあいまいな場所が建物の内と外をつなぎ、外からふらっと入り易い建物を目指しました。

③地域のコミュニティをつなぐ――ショールームを、地元の料理教室等に使えるレンタルスペースとしています。地域の交流の場となり、コミュニティとつながることができればと考えました。

④自然環境につなぐ――地下水が豊かな場所の特性と、連なる屋根の表面積を活かして、環境負荷の小さな建物としています。夏は地下水の水を屋根に散水することで、建物全体を冷やします。

建築家・木下昌大

座談会

ビジネスモデルの再考から始まった建築不動産フロー

建て主（関口剛社長、佐野元喜取締役）
建築家（木下昌大）
創造系不動産　高橋寿太郎

会社づくり、またはビジネスモデルを考える

高橋―関口社長、佐野さん、あらためてグッドデザイン賞おめでとうございます。非公開とされてきたプロパンガスの料金体系をあえて公開し、消費者に選ばれるビジネスモデルをつくられた。その取り組みが評価された受賞でした。

関口―おかげさまで他府県のLPガス会社の方が来社されるようになりました。週に一人は来られます。全く予想外でしたが「私も業界のこのルールを変えたいと思っていた」と、料金非公開の慣習を変えていきたい人々との交流が、盛んになっています。こうなるとLPガス業界は、地方から改革されていくのかも知れません。

佐野―実は商売には、お客さんに情報を隠せば隠すほど、会社の利益が上げやすい側面があります。高橋さんが言うように、中古車流通業界、不動産仲介業界、リフォーム業界等もそうでしょう。しかし、今は消費者の利益を考えなければ、商品・サービス・業界は衰退の道をたどりかねない。そんな危機感が根底にありました。

関口―私も社長に就任した直後でした。今までの方法を続けていくのはもう嫌だ、そう思い、私たちの考えを社員に伝えていきました。

高橋―率直にお聞きしますけど、リスクをどのよ

うに考えていましたか？

関口――一部の勧誘業者やＬＰガス会社が当社のお客様にさらに安売り価格で訪問勧誘をしてくるかも知れない、という意見はありました。

でも、賛成してくれる社員は多数いました。お客様によって料金を変えるようなことは、もうしたくないと。公開した結果、この1年で見ると、解約件数は減っています。お客様に対して、社員が自信を持って正直に接した結果だと思います。

佐野―料金公開した場合のリスク検証は、十分にしました。また、私たちのような中堅規模が先陣を切って変えていくことには意味があります。

ちなみに全国で２万１０００社あるＬＰガス事業者でも、万単位の供給先を持つ会社は１・３％です。ほとんどが小さな個人事業的な会社です。都市ガスの隙間を縫うように、米や灯油、薪や練炭のような、日用食材や燃料を扱う小さな個人商店が、ＬＰガスを扱い始めた歴史があるからです。

会社づくりの軸線上で、土地を選ぶ

関口―横浜の鶴ヶ峰に本拠を構えてから50年間で西へ西へと、事業範囲は広がっていきました。高度成長期やバブル期の住宅開発がきっかけになり、営業所を増やした経緯があります。しかしそれほど、機能的な展開ではなかった。そこで、神奈川県西部の機能を集約し、国道沿いの新しい拠点をつくろうと思いました。

佐野―ＬＰガスというエネルギーのイメージを変えたい想いと、地域へのお役立ちの観点から、場所の選定と建物のあり方には、時間をかけました。

木下―複数の土地を見ましたが、国道沿いの土地で、風景はそっけない感じでしたね。

高橋―二つの候補地が国道を挟んで、インコーナーとアウトコーナーにあったのは、珍しい話です。アウトコーナーの土地がベターと木下さんは提案し、そちらを取得されましたが、実際は現地を見ても判断が難しい。現地では、南側の日当たりが良い土地の方が、何となく雰囲気良く見えました。

関口―私たちにはあれは分かりません。南側を選んでいたら、違う計画になっていたんでしょうね。

佐野―説明を受けて、新しい場所で、地域の皆様へ新たな発信をしていくには、確かにアウトコーナーが良いと納得できました。

経営班と各部門のリーダー班に分かれて行ったヒアリング

高橋―ヒアリングを経て出てきた案には、驚かれませんでしたか?

関口―驚きました。私たちの新しいロゴマークをイメージしたのかと思いました。

木下―実は、国道沿いに時々ある、ビニルハウスを見て気づいたんです。ロードサイドは、設計者にとってはなかなか難しい環境です。一般的には、パチンコ屋や、車のショールーム、ファミリーレストラン等が散在していて、風景に連続性を感じにくいのです。それらに埋もれず、それでも存在感のあるモデルにしたいと思いました。

派手なものをつくれば良いわけではなく、地域になじむもの…と考えたら、最終的にビニルハウスのような感じが良いと思ったんです。

佐野―ヒアリングは経営班と部門リーダー班の二つに分けましたよね。現場の意見も聞きたいという社長の希望がありましたが、通常はトップが全て決めますよね。

木下―そうですね。ともすれば意見が対立してもおかしくない分け方でした。でもやってみると、二つの意味がありました。一つは潜在的なニーズを発見したことです。特に年2回の、お客さんや地域の方を招くイベントに関することですね。

高橋―イベントは、大切なカナエルのアクションプランです。それに対する2班の要望や反応が違うと「なぜだろう?」と考えるわけです。結果、建物の計画の前に、イベントの戦略を考えなければと全員で気づきました。もう一つは何ですか?

木下―実際に建物を使うのは、社長ではなく、社員ですよね。もう一つの意味は、建物を使う社員が、ああでもない、こうでもないと、ものづくりに参加することで、建物や会社経営への愛着が育ったことです。

佐野―私が2班に分けたのは、経営陣と部門リーダー班の意見の違いを超えて、コンセプトをつくりたかったからです。秦野という地域に溶け込むことが私たちの共通の願いでしたから、それを木下さんに汲み取ってもらいたかったんですね。

建物づくりと、会社づくりを、行ったり来たりする

高橋―一般的には、色んな要望や条件をまとめた書類、いわゆる「設計要綱」を建て主がつくり、設計者が読み込み、形としてプレゼンテーションします。またはコンペ形式で、複数の設計者からの提案を、建て主が比較します。

でも私は、自ら事業者として建物を発注していた頃、それがベストの方法ではないことを何度も経験しました。自分たちの要望が完璧にまとまっているなんてことは、あり得ないですよ。経営戦略が完璧な状態になっていることがないように。

経営課題が外部環境にあるのか内部にあるのか、

まだ見えていない課題があるのか、それを教えて欲しいくらいのスタンスで普通だと思います。潜在ニーズを掘り出し、建物づくりと同時に会社づくりを行うことがポイントだと思います。

木下｜当初は、創造系不動産が「設計要綱」的な、設計条件の洗い出しをするのかと思いました。

高橋｜いいえ、しません。個人住宅や、ビルのような事業系プロジェクトでも、していません。それは建て主自身がすべきことです。むしろ私は、デザインフェーズで建て主側が伝えきれていない、ビジョンやファイナンスを、バックアップするだけです。他にカナエル社からご依頼いただいたのは、「偏らない第三者的な司会進行」です。

木下｜そういう意味では、今回のリフォーム部門のショールームの使われ方が、まだもやっとしているので、完成後のオペレーションも含めて、創造系不動産の仕事ではないかと思うのですが。

例えば、私が教職を勤める京都工芸繊維大学が展開している組織にKyoto Design Labがありますが、これは面白いですよ。世界から建築やデザインの研究室ごと招き入れて、産官学を絡めたイベントを行い、常に動いている様子が刻々とホームページにアップされています(http://kyoto-design-lab.tumblr.com/)。そんな仕組みづくりを期待します。

佐野｜イベントの内容や、地域とのコラボレーション、秦野市や団体との連携、それらのPR等、具体的には検討中ですが、みなさんの力を借りて、これからバージョンアップしていきます。

高橋｜終わりない建物づくり、会社づくりのフローに向けて、がんばりましょう。

ケーススタディEX

『建築と不動産のあいだの世界に参加しよう』〜多様な活動を角度を変えて〜

ケーススタディ1から始まった、建築と不動産のあいだを追究する試みも、創造系不動産が4年目に入る辺りから、より多様な形を見せるようになりました。

やはり基本形は「家づくり」です。より良い住宅をつくるために、より良い資産を形成するために、建て主夫婦は、優秀な建築家と不動産コンサルの強力チームをつくり、家づくりを始める、そんな方法が当たり前の時代になって欲しいと思います。

なぜなら、建築不動産フローの手順で家づくりを進めることは、建て主にとっても、実力がある建築家にとっても、良い取引ができる宅地建物取引士にとっても、それぞれの良さを最大化できる方法だからです。

またその中でも、親子間や親族間の「相続」に関わるプロジェクトがますます増えていくでしょう。これは2015年1月より相続税法が改正されたことも影響しています。

しかし私は、最近、家づくりと相続の関係が取り上げられるようになったのは、本質的には法改正とは関係ないと考えています。家づくりと人間関係を時間軸で捉えることの有効性が、建築と不動産の垣根が取り払われることで見えてきたからだと思います。

それによる建築デザイン業務の変化は、その仕事の範囲が建物から、家族関係のデザインへと拡大していく点にあります。横断的に、ファイナンスや税金、民事信託の考え方も、家づくりに取り入れることが求められる時代なんだと思います。さらに別の方向性として、「リノベーション」における建築家とのコラボレーションも始まりました。リノベーションは、これから少しずつニーズが高まる分野です。クライアント夫婦と建築家と不動産コンサルの定番メンバーで、土地ではなくマンションの部屋をどんどん見て回る探検も、なかなか面白い発見が多いです。

リノベーションしやすいマンションとはどんなマンションか。一般的に出回っている典型的なマンションプランの弱点は何か、そんな気づきを得ながらのマンション探しになるでしょう。また、一軒家のリノベーションを行う場合は、より建築と不動産の知識を動員させることになります。

建築不動産フローがリノベーション市場でなかなか実現しなかった理由は、土地よりさらにスピーディに取引される不動産仲介市場に対する壁が厚く、建築家がなかなか参入できなかったからでしょう。

またリノベーションと言えば、マンション一棟やビルを所有するオーナーからの依頼による、バリューアップのための共有部分や外観のリノベーションのニーズもあります。建築家と不動産コンサルによる【ＶＦＲＤＣＭ】の建築不動産フローが、オーナーにとってより良い方法のようです。

大事なことはやはり、オーナーのビジョン(V)とは、ファイナンス(F)とは何かを、徹底追究することです。

建築デザインと不動産投資のあいだには、どんなロジックや空間が広がっているのか。デザインとお金が交錯する、知的でエキサイティングな取り組みになると思います。

企業による建築事業の展開には、さらに幅広い可能性があります。

・今後成長していくベンチャー企業のための自社ビル新築と運用
・古いオフィスビルを再生させ企業力を継続的に向上させるプロジェクト
・家族経営の小さな町工場の用途変更
・1万㎡の大型生産施設のリノベーション

これらの多種多様な建物づくり=企業づくりで、建築家+不動産コンサルの領域は拡大しています。

家族の目標やお金や幸福感が多様化するのと同様に、企業のビジョンやあり方も多様化しています。単純な収益性だけではなく、見かけのデザイン性だけでもなく、そのあいだにあるフォーカスポイントを得るために【VFRDCM】は確実に有効です。なぜこの方法が建物づくりのスタンダードではなかったのか、とあらためて問いたくなるほどです。

変わった所では、東京都内の小規模分譲マンションの建て替え事業のコンサルティングにも着手しました。築年数が経ち、所有者たちも高齢化しつつある老朽マンションは、日本で3万棟に上ると推測されますから、今後、確実に社会問題化していきます。しかし建て替え事業の実現を阻む最も困難なテーマは、たくさんの所有者の合意形成です。そこで現在、建築と不動産のあいだからどのような合意形成のルール設定が可能かを検証する試みに挑戦しており、２０１５～16年にその1棟目が竣工予定です。まだ日本でも事例が少ないこの分野で「建築と不動産のあいだを追究する」ことで何ができるか楽しみです。これらに共通しているのは、全てが「建築と不動産のあいだにある建て主のビジョンを追究するために、建築家と不動産コンサルがタッグを組んで行っている」こと、つまり【ＶＦＲＤＣＭ】を普遍的なルールと位置づけていることです。

これからの建築と不動産のあいだの世界に求められる重要なことは、そのプロジェクトの入口で業務体制を整えること、つまり建築と不動産のプロが、価値観や専門領域の違いを認め、お互いを尊重し、異なるアプローチを一つにして、建て主の利益を追求できる体制を整えること、それがお互いの価値を高めることを知ることです。

座談会

建築と不動産のコラボ最前線

～これからの建築家、これからの不動産仲介～

久山敦／不動産　Twitter：@kabuhaus

建築家不動産代表。２０１１年から関西で、建築家が出資運営する建築家不動産を企画、スタートさせた。

高橋寿太郎／不動産　Twitter：@jutarotakahashi

創造系不動産代表。２０１１年に建築家とコラボレーションするコンサルティング会社、創造系不動産を創業。創造系不動産スクールを運営。

島田陽／建築家　Twitter：@youshimada

タトアーキテクツ／島田陽建築設計事務所代表。「六甲の住居」で吉岡賞を受賞。

木下昌大／建築家　Twitter：@kinoarchi

ＫＩＮＯ ＡＲＣＨＩＴＥＣＴＳ代表。京都工芸繊維大学助教。２０１４年日本建築学会作品選集新人賞等。

建築家不動産は、関西で活躍する会社です。創造系不動産と同様、２０１１年にスタートして以来、建築家とのコラボレーションに挑戦してきました。

どちらも建築家と不動産の仕事のシステム、それぞれの業界人のタイプ、自分たちの報酬体系のあり方等、大きな枠組みで建築と不動産を捉え直そうとしてきました。

一方、建築家の島田陽氏と木下昌大氏は、若手建築家の中でも、自由な発想と高いデザイン力で頭角を現し、建築家不動産や創造系不動産とタッグを組むことで、デザインの幅を柔軟に広げてきました。

そんな４人が、建築と不動産のコラボの醍醐味を語ります。

「建築家の共同出資」でスタートした建築家不動産

高橋―実は私は、創造系不動産を立ち上げる直前に、久山さんにお目にかかっているんです「関西に変わった取り組みをしている人がいる」という噂を聞きつけて。そして立場は違えど、共通の問題意識があることを知りました。そんなふうに、問題意識を共有しながら、異なる事業を展開される久山さんに私は当時からずっと注目しています。

建築家不動産の事業の特徴は、「建築家自身が土地探しに関わる」点ではないでしょうか。創造系不動産の場合、建築家は建て主に同行して土地を読み解き、判断の手助けをしますが、「土地探し」自体は行いません。

久山―私の経歴は高橋さんとは全く違って、「施主上がり」です。もともとは全く関係のない仕事に就いていて、ある時自宅を建てるために、建築家に設計依頼したのがきっかけです。若い建築家の初めてのプロジェクトで、お互い手探りの家づくりでした。不動産のこと、予算のこと、工事のこと、色々な課題にぶち当たりました。最終的に自宅はできあがったものの、若い建築家が建築界でやっていくことの大変さを目の当たりにして、「私にも何かできることがあるんじゃないか」と思ってしまったんです。それで、宅建の資格を取り、仕事を辞めて不動産会社に飛び込みで入ったのが、現在に至る始まりです。

最初は関西の若手建築家と集まっては勉強会や展覧会を催していたのですが、延長上で土地の仲介もしようと思い立ちました。

ただ、単に不動産屋をオープンしても先々難しいだろうと「建築家の共同出資」という形をとりました。現在21組が出資されており、島田さんは当初からの株主のおひとりです。また近々第二期メンバーとして13組が参加予定です。

仕組みとしては仲介手数料を、建築家と建築家不動産それぞれの仕事量によって分配しています。建築家が不動産の従業員名簿に登録し、不動産仲介エージェントとして活動することも可能です。レインズ（37頁注釈参照）を閲覧し、クライアントの土地を自ら探します。彼らの報酬は、自身が建築家としてクライアントと契約する設計監理料の他、建築家不動産のメンバーとして、不動産の仲介手数料のうちから一定の報酬を受け取ります。仲介手数料は報酬としては確かに大事なのですが、それを確保した上で建築家の方たちと仕組みを面白く使っていくことを考えたいと思っています。

建築家不動産の発想の原点

高橋―建築的に考えられる不動産業、建て主と建築家のサポートに特化した不動産業をつくる、それが創造系不動産の始まりです。一方、建築家不動産は、少し仕組みが違って、建築家がより積極的に不動産取引に参加していきますよね。私はこのやり方は全く思いつきませんでした。

久山―専門家がネットワークを組むビジネスの中には仕組みとして理にかなっているものもあると思っていたんです。そこから出資しあう形に至りました。最初は苦労しました。たくさんの設計事務所を一件ずつ回って出資を募りましたから。

高橋―つまり、一つのガッチリまとまった会社ではなく、関西の個人規模で活動する建築家が出資して、緩やかなチームプレーができる組織の方が、建て主や建築家の成果が上がると考えたんですよ

建築家・島田陽氏設計の「六甲の住居」外観（©鈴木研一）

ね。フットワーク軽く、建築家が土地探しも設計もやっちゃうよ、という感じですね。

久山さんが建築家に説明して回る苦労話を聞いているので、次のステージ（第二期増資）に駒を進められるとお聞きして、嬉しく思います。

木下｜高橋さんも似た感じでしたよ。設計業界で働く高橋さんを知っていたので、突然やってきて「不動産屋になった」と言われた時には何かを企んでいるに違いないと思いました。建築業界にある行き詰まりを感じて別の方向からそれを打開していくんだなと。久山さんがそれを施主の立場からされたのは、新しいですね。

建築家が土地探しに関わるメリットとは?

高橋｜建築家不動産の出資者の一人である島田陽さんが設計された兵庫県の「六甲の住居」はとて

も魅力的な住宅です。街を見渡す六甲の丘の上の土地で、不動産的、建築的になかなか手ごわい所ですが、見事に建てられました。島田さんにはアーティストらしいイメージがあったのですが、建設資材の運搬方法の工夫とか、不動産としての土地やその価格についても熱く語られる様子が印象的です。

島田—僕は何でも一石三鳥、四鳥をねらいたいタイプの人間ですね。美学的にも工法的にも不動産的にも解決していないと解決した気にはなれない。

だから、建築家不動産はありがたい存在です。建て主が土地を買ってから急に設計依頼が来て、「4000万円の住宅ローン融資枠から、既に土地代に2500万円使ってしまったから、残りの1500万円で何とかなりませんか」という話はよくあるんです。もう一歩前にお話してもらえていればという話です。

予算の中でどんな土地を探しているのかを伝えてもらえれば僕たちができることがもっと増え、設計する状況をつくるためにも助かります。

高橋—確かに、予算バランスが少しもったいないぞ、と思う人はよくいらっしゃいますね。

木下—高橋さんと仕事を初めてしたのは、僕自身も東京で独立したばかりの頃でした。建築家に設計を依頼する建て主が世の中に一握りしかいない状況で、同じ建築家同士が仕事を取りあっているのはいかがなものかと思っていました。

とはいえ、ハウスメーカーや工務店に比べると、クリエイティブなことに関してはアドバンテージがあっても、土地を探せるかと言われれば探せないし、ファイナンシャルプランも立てられない。火災保険に関するフォローもできません。建て主の役に立つには、足りない所がたくさんある…と考えていた所に、高橋さんがやってきたんです。

ちょうど土地探しから依頼を受けている案件がありながら、設計以外のことは何もできない状況にあった（ケーススタディ1、109頁参照）。

高橋―あの経験から「建築と不動産のあいだを追究する」というコンセプトを掲げたのは、建築と不動産のあいだにある壁を何とかしなければ、結局は大金を投資する一般建て主がもったいない思いをすると気づいたからです。

島田―土地探しから関わると建て主と建築家の関係も長くなるんです。半年〜1年、一緒に土地探しをして、建て主のことを十分に知った上で設計を始めるられる。長い付き合いを通じてお互いのキャラクターを分かっていますし、関係性を構築しやすくなる。そのメリットは大きいです。

木下―確かにそうですね。ケーススタディ4（162頁）では、権利関係の整理の仕方は全然分かりませんでしたが、設計はできると引き受けた仕事でした。高橋さんに相談すれば何とかなるかなと、早速相談を持ちかけました。

僕も不動産方面のブレーンである高橋さんからアドバイスをもらううちに、少しずつ知恵がついてきました。敷地は広かったのですが、予算が限られていて全てを使いきることはできず、また設計期間中は土地が遊んでいることになるので、もったいない。そこで、エリアを区切ってコインパーキングとして貸し出す提案をしました。

高橋―それは不動産屋さんの発想ですよね。

ハウスメーカーと建築家の違いを活かせ

久山―私は木下さんは不動産業界と親和性が高い

なという印象を持ちました。ただ一歩間違えると「デザイン住宅的」な設計者と混同されかねない。木下さん自身、それは目指していませんよね。

高橋｜「デザイン住宅」とは、どちらかと言うと建売住宅メーカーが展開している〝そこそこ良いデザイン〟を目指した住宅の商品開発のことですね。

木下｜東京でもパワービルダーが建築家と組んでその種の住宅をつくっていて、設計監理の依頼がありますが、設計料も安くお請けできません。

表層的なことしかできなくなってくるんですよね。それではつまらない。表面デザイン的な付加価値ではなく、もっと根本的な所をデザインできる方法を探っていきたいです。土地の段階から参加できれば、これまで蓄積してきた設計の経験値をもっと活かせると思います。

久山｜例えばハウスメーカーが企業努力をすれば、2000万円の住宅を1000万円や数百万円で売ることもできるかと思うんです。そうなった時アトリエ系の事務所は困りませんか？

高橋｜私の感じからすると、むしろ逆ですね。建築家のつくるものには、デザイン的にも空間的にも価値があると思うからです。ハウスメーカーでコストを下げるということは、その価値を削ぎ落とすことになります。一番削ぎ落とされるのは、設計に充てる時間でしょう。設計に対する思考を減らすことになりますから、建築家の価値は相対的に上がるのではないかなと。今も実際にそうなりつつあるような気がしています。

島田｜その安さを求める層と争っても仕方がない気もしますし、そもそも同じ土俵では戦っていませんからね。ハウスメーカーに難しい土地で住宅は建てられないと断られた建て主が、僕の所にどうにかならないかとやってきたこともあります。

不動産コンサルのビジョン

島田―建築家不動産は何となくおもしろそう、という所から始まっています。創造系不動産ははっきり立場を打ち出していますが、今後のビジョンはあるのでしょうか？

高橋―「建築と不動産のあいだを追究する」というコンセプトで、この先も建て主を建築家と不動産から支える仕組みづくりを続けていきます。

強いて言えば、ファイナンスの部分を強化したいと考えています。融資をどう引っ張ってくるかだけではなく、家が建った後30年間にわたってお客さんが予定通りに資産形成ができるようにサポートしていくことを本気でやりつつあります。

また、お客さんに法人が増えてきています。「VFRDCM」の一連の建築不動産フローは住宅に限らず、どんな建物にも応用可能だなと思います。法人の場合、経営論的なことも詰める必要が出てきます。経営戦略、マーケティング、会計、組織論等、より広い枠組みに対して、建築家のデザインマネジメント能力の威力を発揮していきたい。そんなビジョンはあります。

ですが、基本的には「建築と不動産のあいだを追究する」所だけでやっていきたい。「建築家と不動産屋がコンビを組めばお客さんが喜ぶだろう」という思いが創造系不動産にとどまらずに、日本全体に広まればいいかなと。優秀な人材はこれからどっと来ると思いますよ。

島田―なるほど、ファイナンス、お金ですね。久山さんが建築家不動産を始めた頃に、「建築家たるものがお金のことを扱うなんてあり得ない」という雰囲気はありませんでしたか？　いま第2期になってメンバーが増えているのを見ると、中にはスタート時に出資をためらわれた方たちもいたんじゃないかなと思うのですが。

久山―世代的な違いもあると思います。当初30代から50代くらいの建築家の方々にまんべんなく案内を出しましたが、50代で参加されたのはおひとりだけでした。ほとんどが30代。独立して間もなくですから、とりあえず何にでも参加しようという気持ちもあると思いますが。

高橋―当時は不動産について語る建築家はほとんどいませんでしたね。業界の先人たちが色々な取り組みをされていましたが、意図的に建築家と不動産屋が絡むことはありませんでした。それが少しずつ変わってきている気がします。

木下―不動産仲介業は、仲介手数料が報酬になっていることを考えると不動産会社としては当然ながら土地を売るわけです。でも、高橋さんが言われるように「高い土地＝良い土地」とは限らないとなると、不動産会社が仲介手数料を基準とせずに土地を勧められる状況をつくる必要があるのかなと思います。創造系不動産では、仲介をしない仕事もありますよね。

高橋―最近、急に増えました。「ある土地を買いたいが、設計はハウスメーカーではなく建築家に依頼したい。うまく土地から建築家へ話が進まない状況なので助けて欲しい」という依頼が立て続けに3件入りました。

木下―コンサルタントのような形でフォローしてもらう仕事です。建築家にとっては、構造事務所や設備事務所といった協力事務所と同じような立場ですね。

建築家のビジョンは

木下―僕は独立した時、日本が右肩上がりではなくなっていく状況で、自分と同じような価値観で普通に生活している人たちからの仕事がなければやっていけないなと考えたんです。そうすると、建て主の多くは家を建てるに当たっては銀行からお金を借りる必要があります。すると、ローンのことをフォローしなければならないと。

実際に高橋さんと仕事をしていくなかで、建物のつくり方も変えていけるんじゃないかなと思ったんです。お客さんのファイナンシャルプランを高橋さんが立てた時に、現状の建物に例えば1000万円の予算をかけようとしていたけれども、現時点では家族が二人だからそこまで予算をかける必要はなく、後々増築する方向で考えましょうという話を建築家サイドから持ちかけることもできる。その10年後にまた声をかけてもらい、僕たちはその時点での増築・改築を請け負います。その間のファイナンスに関することは高橋さんにフォローしてもらうと。

そうやってクライアントに長く関わっていこうとすると、お金の話を抜きにはできないでしょう。そのライフプランに建物と、それをつくる建築家が位置づけられることには意味があります。

島田―僕もただ美しいものをつくってもしょうがないと、それよりもどのような関係性をつくりだすかが重要だと考えています。敷地周辺の環境や住民との関係性、建て主のファイナンス等の面でも僕ら建築家から関係性を広げていくことが重要になってきていると思うんですよね。

（2014年9月4日、学芸出版社にて）

エピローグ

注意深く建物づくりの世界を観察すると、建築デザインと不動産のあいだには、壁があります。その壁に無関心であると損をするのは、私たち業界人ではなく、お客さんです。ですからその壁にいち早く気づき、業務フローをバージョンアップさせることをお勧めします。あなたが建築の専門家なら、その専門性を磨きながらも、「不動産」や「お金」等の広い技術を学ばれる機会を持たれることも良いでしょう。

その時大切なことは、価値観の違いを知ることです。建築と不動産のあいだのギャップに限らず、社会ではそういうシーンによく出会うと思います。異なる文化は、どちらが正しいわけでもありません。私たちも常に、先入観や今まで得てきた知識に囚われず、多様性を認め、お互いを尊敬することを忘れないように努めています。時にそれらの枠組みは矛盾し、相反することもあります。しかし両方の知識、技術、価値観、文化のあいだの葛藤から、お客さんの価値が生まれることに気づくと思います。その時、壁は自分の中で消えてなくなり、大きな可能性が広がっていく感覚があるはずです。

明確なビジョンが見えた方は、すぐにでも行動されることをお勧めします。またそのきっかけをつかみたい方は、弊社が不定期で開講している「創造系不動産スクール・建築不動産コンサルタントコース」に参加されるのも良いでしょう。少人数制で開催されている対話型レクチャーです（http://www.souzou-kei.com/school/）。本書でも扱われる「壁」や「横断的感覚」は、知識ではなく気づきで得られるものですから、興味がある方はぜひスクールでつかんでください。

最後に、本書の執筆に際し多くの方のご協力をいただきました。ここで御礼に代えさせていただきます。

エイトブランディングデザインの西澤明洋さんとスタッフの松田景子さんはじめみなさんには、創造系不動産のブランディングから、本書の表紙デザインや、1～3章の図版の作成に至るまで、たくさんご協力いただきました。創造系不動産が注目され、コンセプトが広く知られるようになったのは、西澤さんのブランディングの成果に他ならないと思います。

また創造系不動産の顧問を引き受けてくださっている高垣和明さんからは、私が不動産のことを全く知らない頃から、「正しい不動産取引の考え方」を学ばせていただいています。学芸出版社の井口夏実さんには、当初まったく無名の創造系不動産を発見していただき、本書の書き方を一から教えていただきました。

インターンの九州大学大学院芸術工学府、江口昇汰さんには、インターン後も3章を中心にたくさんの図版の作成を手伝っていただきました。またケーススタディとして建物づくりを紹介した6組の建て主と建築家のみなさんには、本書の趣旨をご理解いただき、掲載を快くご了解いただきました。

そして創造系不動産の取り組みに賛成し、一緒に仕事をしてくれている、すべての建築家・クリエイターたちに、心から御礼を申し上げます。

高橋寿太郎

高橋寿太郎（たかはし じゅたろう）

1975年大阪市生まれ。創造系不動産株式会社 代表取締役。『建築と不動産のあいだを追究する』を経営理念、ブランドコンセプトとする。2000年京都工芸繊維大学大学院 岸和郎研究室修了後、古市徹雄都市建築研究所勤務を経て、東京の不動産会社で分譲開発・売買仲介・賃貸管理・コンサルティングなどに幅広く携わる。2011年創造系不動産を設立。扱う案件はすべて、建築家やデザイナーと共働し、建築設計業務と不動産業務のあいだから、数々の顧客の利益を創る。不動産コンサルタント。一級建築士、宅地建物取引士、経営学修士。

＊本書で紹介されている建築不動産フロー図は、創造系不動産の登録商標です。

建築と不動産のあいだ

そこにある価値を見つける不動産思考術

2015年 5月 1日 第1版第1刷発行
2020年 4月20日 第1版第5刷発行

著 者……高橋寿太郎
発行者……前田裕資
発行所……株式会社 学芸出版社
〒600-8216
京都市下京区木津屋橋通西洞院東入
電話 075-343-0811
http://www.gakugei-pub.jp/
E-mail info@gakugei-pub.jp

装 丁……エイトブランディングデザイン／西澤明洋・松田景子
印 刷……イチダ写真製版
製 本……山崎紙工

© Jutaro Takahashi 2015 Printed in Japan

ISBN 978-4-7615-2594-1

JCOPY 〈㈳出版者著作権管理機構委託出版物〉
本書の無断複写(電子化を含む)は著作権法上での例外を除き禁じられています。複写される場合は、そのつど事前に、㈳出版者著作権管理機構（電話 03-5244-5088、FAX 03-5244-5089、e-mail: info@jcopy.or.jp）の許諾を得てください。
また本書を代行業者等の第三者に依頼してスキャンやデジタル化することは、たとえ個人や家庭内での利用でも著作権法違反です。